2020年
广东省版权产业的经济贡献

本书编委会 著

中国书籍出版社
China Book Press

图书在版编目(CIP)数据

2020年广东省版权产业的经济贡献 / 本书编委会著.
-- 北京：中国书籍出版社，2022.7
ISBN 978-7-5068-9098-4

Ⅰ.①2… Ⅱ.①本… Ⅲ.①版权—产业发展—研究
—广东—2020 Ⅳ.①G239.265

中国版本图书馆CIP数据核字(2022)第132584号

2020年广东省版权产业的经济贡献

本书编委会　著

责任编辑	杨铠瑞	
责任印制	孙马飞　马　芝	
封面设计	东方美迪	
出版发行	中国书籍出版社	
地　　址	北京市丰台区三路居路97号（邮编：100073）	
电　　话	（010）52257143（总编室）　　（010）52257140（发行部）	
电子邮箱	eo@chinabp.com.cn	
经　　销	全国新华书店	
印　　刷	北京九州迅驰传媒文化有限公司	
开　　本	787毫米×1092毫米　1/16	
字　　数	85千字	
印　　张	7.5	
版　　次	2022年7月第1版　2022年7月第1次印刷	
书　　号	ISBN 978-7-5068-9098-4	
定　　价	38.00元	

版权所有　翻印必究

本书编委会

主　编：黄晓新
副主编：赵　冰
执笔人：赵　冰　杨　昆　郝丽美　张晓斌
　　　　王卉莲　李　游　苏唯玮

前　言

党的十八大以来，党中央、国务院十分重视知识产权和创新工作，习近平总书记指出："创新是引领发展的第一动力，保护知识产权就是保护创新。"《知识产权强国建设纲要（2021—2035年）》提出，到2035年中国特色、世界水平的知识产权强国基本建成。《版权工作"十四五"规划》指出，要充分认识版权在推动我国经济社会高质量发展中的重要作用，推动版权产业高质量发展。《纲要》和《规划》均将版权产业增加值占GDP比重作为预期性指标之一。

广东省委、省政府认真贯彻落实党中央的决策部署，提出广东省要成为新发展格局的战略支点，将提升版权工作、发展版权产业作为新发展阶段的重要工作任务。《广东省国民经济和社会发展第十四个五年规划和2035年远景目标纲要》提出了创新强省建设取得新突破、文化强省建设迈出新步伐的总体目标。《广东省知识产权保护和运用"十四五"规划》提出了到2025年版权产业增加值占地区生产总值比重持续上升的目标，版权产业在广东省加快创新强省建设和文化强省建设中发挥着日益重要的作用。

广东省版权局早在2015年就委托中国新闻出版研究院开展了首次广东省版权产业的经济贡献调研项目，对2014年版权产业的发展情况进行了系统地调查分析，此后又连续开展多次调研。本书为第五次调研成果，对2020年广东省版权产业的经济贡献情况进行研究。本次调研继续沿用了世界知识产权组织《版权产业的经济贡献调研指南》一书提供的方法，在概念、范围、分类、基础数据、版权因子等方面与广东历次项目和中国版权产业调研项目保持一致，以便于开展横纵向的比较研究。

  本书正文分为四章。第一章介绍2020年广东省版权产业的行业增加值、就业人数和商品进出口额数据，并进行纵向与横向的比较分析。第二章按核心版权产业和非核心版权产业的分类，对广东省版权产业主要行业的发展情况进行介绍。第三章按照"一核一带一区"，对广东省版权产业发展的地域分布情况进行介绍。第四章结合数据和行业发展的情况，对广东省版权产业的总体特点、存在问题和发展建议进行总结。附录部分对广东省版权产业的经济贡献调研方法进行了概述。

目　录

第一章　2020年广东省版权产业的经济贡献 ……………… 1
一、2020年广东省版权产业的基本情况 ……………… 1
二、2020年广东省版权产业的主要数据 ……………… 4
三、2020年广东省版权产业数据的纵向比较 ………15
四、2020年广东省版权产业数据的横向比较 ………20

第二章　广东省版权产业主要行业发展情况 ………28
一、核心版权产业主要行业发展情况 ………………28
二、非核心版权产业主要行业发展情况 ……………44

第三章　广东省版权产业的地域分布情况 …………55
一、一核：珠三角地区 …………………………………55
二、一带：沿海经济带 …………………………………64
三、一区：北部生态发展区 ……………………………69

第四章 广东省版权产业发展的综合分析 ………… 70
一、总体特点 ………………………………………… 70
二、存在问题 ………………………………………… 79
三、发展建议 ………………………………………… 81

附 录 调研方法概述 ………………………………… 85
一、版权产业的概念、范围与分类 ………………… 85
二、版权产业与文化产业的关系 …………………… 88
三、具体调研方法 …………………………………… 92

附表1 与国民经济行业分类对应的核心版权产业具体分类 ………………………………………… 96

附表2 与国民经济行业分类对应的相互依存的版权产业具体分类 ……………………………… 100

附表3 与国民经济行业分类对应的部分版权产业具体分类 ……………………………………… 103

附表4 与国民经济行业分类对应的非专用支持产业具体分类 …………………………………… 108

参考文献 ……………………………………………… 109
后 记 ………………………………………………… 111

第一章
2020年广东省版权产业的经济贡献

一、2020年广东省版权产业的基本情况

2020年是"十三五"规划收官之年,面对新冠肺炎疫情的严重冲击,广东省委、省政府毫不放松抓好疫情防控,集中精力做好"六稳""六保",及时出台各项政策措施加速推动全省经济恢复。广东省版权产业实现平稳增长,在全省经济中的比重有所提升,在促进经济发展、提供就业岗位、扩大对外贸易方面的贡献较为显著。

根据调查测算,2020年广东省版权产业的行业增加值为9735.10亿元人民币,比2018年增长[①]14.90%,占全省GDP的8.79%,比2018年提高0.08个百分点;就业人数为609.50万人,比2018年增长12.68%,占全省就业人数的8.66%,比2018年

[①] 本报告中的增长速度均为名义增长速度,即未扣除价格因素。

提高 0.35 个百分点；商品出口额为 1017.22 亿美元[1]，比 2018 年下降 16.34%，占全省出口总额的 16.19%，比 2018 年下降 2.60 个百分点[2]（详见表 1-1）。

表 1-1　2020 年广东省版权产业的经济贡献主要数据[3]

类别	行业增加值 数值（亿元人民币）	行业增加值 占全省比重	就业人数 数值（万人）	就业人数 占全省比重	商品出口额 数值（亿美元）	商品出口额 占全省比重
核　心	5149.30	4.65%	256.25	3.64%	18.71	0.30%
相互依存	2737.20	2.47%	181.67	2.58%	900.43	14.33%
部　分	638.64	0.58%	67.91	0.96%	98.08	1.56%
非专用支持	1209.96	1.09%	103.68	1.47%	—	—
合　计	9735.10	8.79%	609.50	8.66%	1017.22	16.19%

从行业分布上看，广东省核心版权产业较为发达，其行业增加值占全部版权产业的 53%，以软件和信息技术服务、新闻

---

[1] 课题组根据近年来产业发展的实际情况，对 2018 年和 2020 年广东省版权产业商品进出口数据的测算口径进行调整，即在相互依存的版权产业中的电视机等类似设备产业组中增加了智能手机产品。因而本报告中的 2018 年和 2020 年广东省版权产业商品进出口数据与之前年度的商品进出口额数据口径不一致（即之前年度不包括智能手机产品数据）。

[2] 如无特殊说明，广东省版权产业数据均为本课题组的调研成果，广东省 GDP、就业人数和商品进出口数据来源于《2021 广东统计年鉴》。

[3] 本报告中部分数据因四舍五入的原因，分项相加与合计可能有细微差别。

出版、游戏、动漫、广告、设计等行业为主；非核心版权产业中的电子信息制造业规模较大，纺织服装、家具、陶瓷、玩具等行业也较突出。2020年，广东省印发了《关于培育发展战略性支柱产业集群和战略性新兴产业集群的意见》，提出打造20个战略性产业集群，加快建设现代产业体系。其中，十大支柱产业集群中的新一代电子信息、智能家电、现代轻工纺织、软件与信息服务、超高清视频显示，十大新兴产业集群中的半导体与集成电路、数字创意，均属于版权产业的范畴。由此也可看出，版权产业在广东省建设现代产业体系中的地位日益突出。

广东省上述产业的发展水平在全国居于领先地位。2020年，广东省软件业务收入占全国软件业务收入的16.7%，增速高于全国平均水平，两项指标均位居全国第二位[1]；新闻出版产业总体经济规模排名全国第一位，营业收入、资产总额、纳税总额、就业人数等指标均位居全国之首[2]；电影票房收入占全国总票房收入的12.7%，连续十九年蝉联全国榜首，影院数、银幕数和观影人次均居全国第一[3]；游戏营收和电竞收入均已占到全国的七成以上[4]；电子信息制造业营业收入占全国的35.4%，

---

[1] 数据来自广东省工业和信息化厅以及工业和信息化部《2020年软件和信息技术服务业年度统计数据》。
[2] 数据来自广东省委宣传部和国家新闻出版署《2020年新闻出版产业分析报告》。
[3] 数据来源：广东省委宣传部提供。
[4] 数据来源：广东省游戏产业协会发布的《2020年广东游戏产业数据报告》《2020年广东电竞产业数据报告》。

连续30年位居全国第一；纺织行业主营业务收入占全国的10.3%；服装产量占全国的16.67%，居全国首位；家具行业主营业务收入占全国的27.6%[①]。

二、2020年广东省版权产业的主要数据

（一）行业增加值

2020年，广东省版权产业的行业增加值为9735.10亿元人民币，占全省GDP的8.79%，与2018年相比均实现增长。2020年广东省版权产业行业增加值占全省GDP比重与2018年的比较详见图1-1、1-2。

图1-1　2020年广东省版权产业各类别增加值与2018年的比较

[①] 电子信息制造、纺织、服装、家具行业数据均来源于广东省工业和信息化厅。

图 1-2　2020 年广东省版权产业各类别增加值占全省 GDP 比重与 2018 年的比较

2020 年，广东省核心版权产业的行业增加值为 5149.30 亿元人民币，占全部版权产业的 53%，占全省 GDP 的 4.65%；相互依存的版权产业的行业增加值为 2737.20 亿元人民币，占全部版权产业的 28%，占全省 GDP 的 2.47%；部分版权产业的行业增加值为 638.64 亿元人民币，占全部版权产业的 7%，占全省 GDP 的 0.58%；非专用支持产业的行业增加值为 1209.96 亿元人民币，占全部版权产业的 12%，占全省 GDP 的 1.09%。如图 1-3 所示。

2020 年广东省版权产业的经济贡献

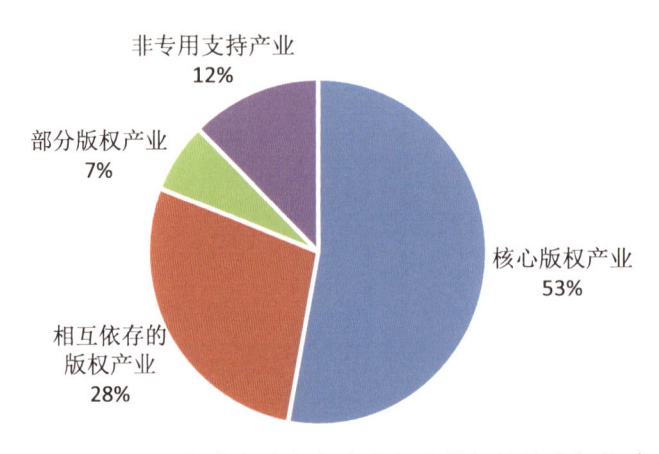

图 1-3　2020 年广东省版权产业行业增加值的内部构成

（二）就业人数

2020 年，广东省版权产业的就业人数为 609.50 万人，占全省就业人数的 8.66%，与 2018 年相比均实现增长。2020 年广东省版权产业就业人数占全省比重与 2018 年的比较详见图 1-4、1-5。

图 1-4　2020 年广东省版权产业各类别就业人数与 2018 年的比较

图 1-5　2020 年广东省版权产业各类别就业人数占全省比重与 2018 年的比较

2020年，广东省核心版权产业的就业人数为256.25万人，占全部版权产业的42%，占全省就业人数的3.64%；相互依存的版权产业的就业人数为181.67万人，占全部版权产业的30%，占全省就业人数的2.58%；部分版权产业的就业人数为67.91万人，占全部版权产业的11%，占全省就业人数的0.96%；非专用支持产业的就业人数为103.68万人，占全部版权产业的17%，占全省就业人数的1.47%。如图1-6所示。

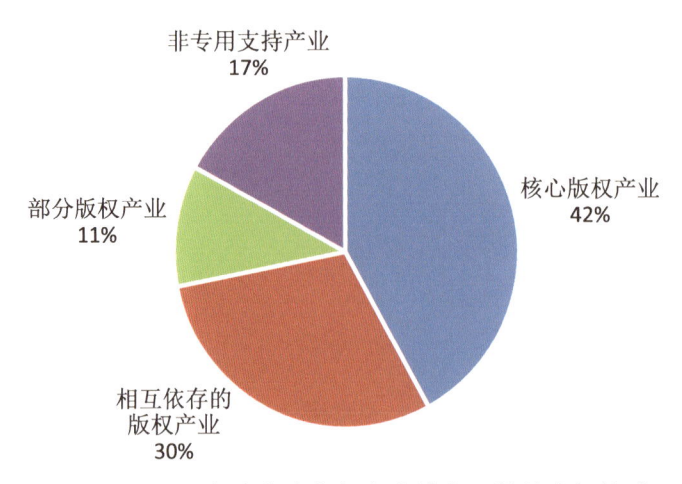

图 1-6　2020 年广东省版权产业就业人数的内部构成

（三）商品进出口额

2020 年，广东省版权产业的商品进出口额为 1180.49 亿美元，受国际贸易摩擦冲击和新冠肺炎疫情等因素的影响，比 2018 年下降 16.58%；占全省进出口总额的 11.53%，比 2018 年下降 1.51 个百分点。其中，出口额为 1017.22 亿美元，占进出口额的 86%；进口额为 163.26 亿美元，占进出口额的 14%；广东省版权产业实现贸易顺差 853.96 亿美元。

从贸易方式来看，广东省版权产业商品进出口以加工贸易方式为主。2020 年，广东省版权产业的一般贸易进出口额为 480.38 亿美元，占进出口额的 40.69%；版权产业的加工贸易进出口额为 532.24 亿美元，占进出口额的 45.09%。

1. 商品出口额

2020 年，广东省版权产业的商品出口额为 1017.22 亿美元，占全省出口总额的 16.19%，与 2018 年相比均有所下降。2020

第一章 2020年广东省版权产业的经济贡献

年广东省版权产业商品出口额占全省比重与2018年的比较详见图1-7、1-8。

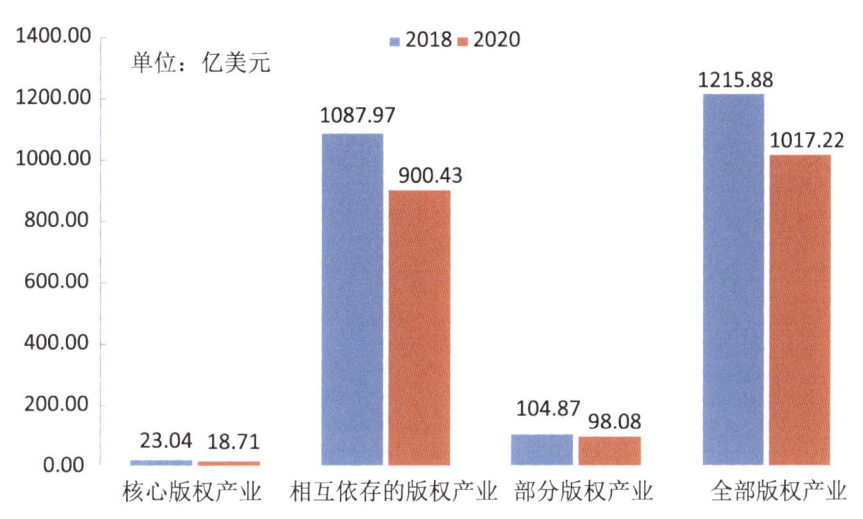

图1-7 2020年广东省版权产业各类别商品出口额与2018年的比较

图1-8 2020年广东省版权产业各类别商品出口额占全省比重与2018年的比较

2020 年广东省版权产业的经济贡献

2020 年，广东省核心版权产业的商品出口额为 18.71 亿美元，占全部版权产业的 2%，占全省出口总额的 0.30%，主要出口商品为文字作品；相互依存的版权产业的商品出口额为 900.43 亿美元，占全部版权产业的 88%，占全省出口总额的 14.33%，主要出口商品为电视机、智能手机等类似设备，计算机及其设备，复印机；部分版权产业的商品出口额为 98.08 亿美元，占全部版权产业的 10%，占全省出口总额的 1.56%，主要出口商品为玩具和游戏用品。如图 1-9 所示。

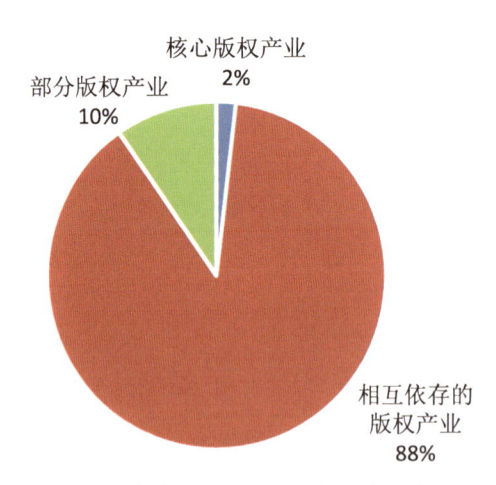

图 1-9 2020 年广东省版权产业商品出口额的内部构成

从贸易方式来看，广东省版权产业商品出口以加工贸易方式为主。2020 年，广东省版权产业的一般贸易出口额为 418.89 亿美元，占出口额的 41.18%；版权产业的加工贸易出口额为 484.48 亿美元，占出口额的 47.63%。如图 1-10 所示。

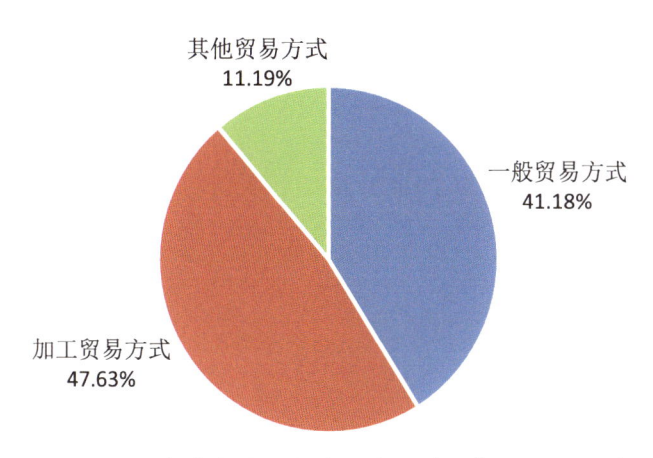

图1-10 2020年广东省版权产业商品出口额的贸易方式构成

广东省版权产业出口额较高的商品主要是电视机、智能手机等类似设备，计算机及其设备，玩具和游戏用品，这三个产业组的商品出口额占到广东省版权产业出口额的93%。如图1-11所示。

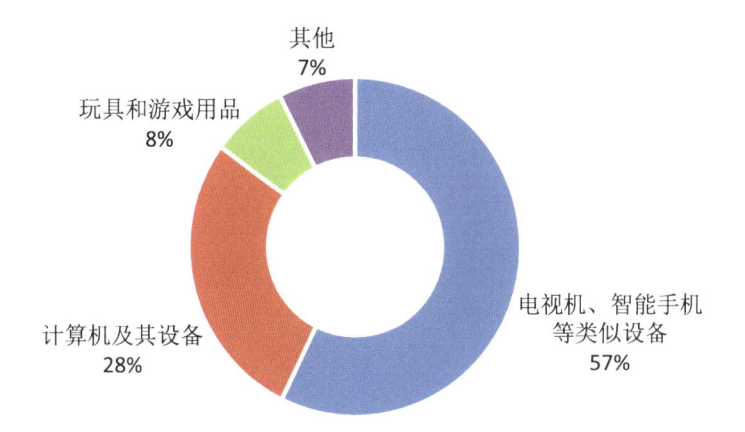

图1-11 2020年广东省版权产业商品出口额的产品构成

2. 商品进口额

2020年,广东省版权产业的商品进口额为163.26亿美元,占全省进口总额的4.13%,与2018年相比均有所下降。2020年广东省版权产业商品进口额占全省比重与2018年的比较详见图1-12、1-13。

图1-12 2020年广东省版权产业各类别商品进口额与2018年的比较

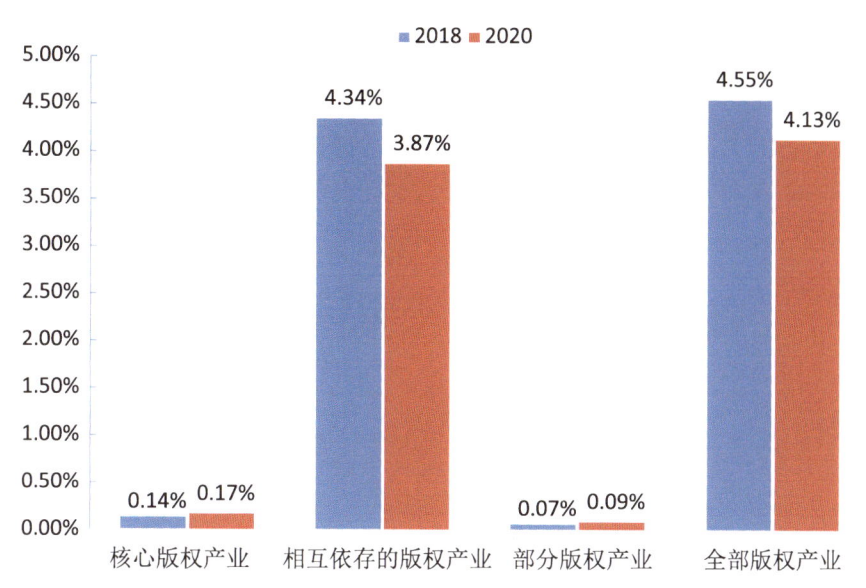

图 1-13 2020 年广东省版权产业各类别商品进口额占全省比重与 2018 年的比较

2020 年，广东省核心版权产业的商品进口额为 6.73 亿美元，占全部版权产业的 4%，占全省进口总额的 0.17%，主要进口商品为电影和影带；相互依存的版权产业的商品进口额为 152.99 亿美元，占全部版权产业的 94%，占全省进口总额的 3.87%，主要进口商品为计算机及其设备，电视机、智能手机等类似设备；部分版权产业的商品进口额为 3.54 亿美元，占全部版权产业的 2%，占全省进口总额的 0.09%，主要进口商品为玩具和游戏用品。如图 1-14 所示。

2020 年广东省版权产业的经济贡献

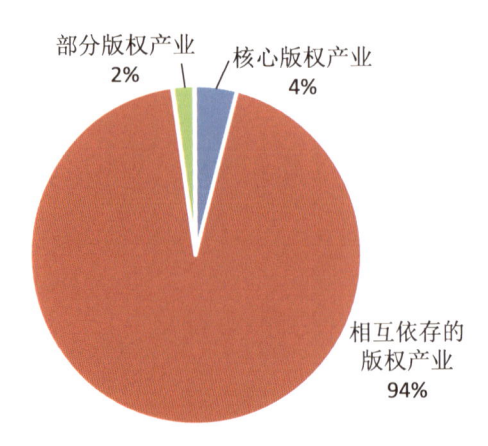

图 1-14　2020 年广东省版权产业商品进口额的内部构成

从贸易方式来看，广东省版权产业商品进口以一般贸易方式为主。2020 年，广东省版权产业的一般贸易进口额为 61.49 亿美元，占进口额的 37.66%；版权产业的加工贸易进口额为 47.75 亿美元，占进口额的 29.25%。如图 1-15 所示。

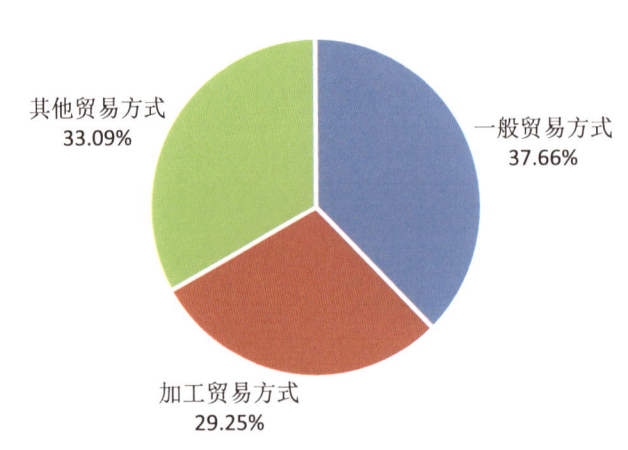

图 1-15　2020 年广东省版权产业商品进口额的贸易方式构成

广东省版权产业进口额较高的商品主要是计算机及其设备，电视机、智能手机等类似设备，这两个产业组的商品进口额占到广东省版权产业进口额的86%。如图1-16所示。

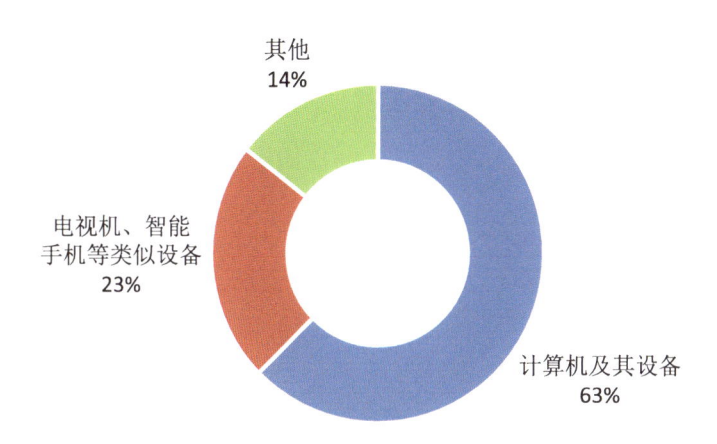

图1-16　2020年广东省版权产业商品进口额的产品构成

三、2020年广东省版权产业数据的纵向比较

结合历年调研数据来看，2020年广东省版权产业的行业增加值、就业人数及商品出口额与2014年相比均实现增长，分别增长71.06%、32.16%和14.10%；三项指标在全省中的比重也有所提高，分别提高0.40个百分点、1.20个百分点和2.39个百分点。其中，核心版权产业对行业增加值和就业人数增长的贡献最为明显，相互依存的版权产业对商品出口额增长的带动作用最大。

（一）行业增加值的纵向比较

2014 年至 2020 年，广东省版权产业的行业增加值从 5691.14 亿元人民币增长至 9735.10 亿元人民币，增长 71.06%，年均增长率为 9.36%；版权产业占全省 GDP 的比重从 8.39% 提高至 8.79%，提高 0.40 个百分点。

其中，核心版权产业是广东省版权产业中增加值增长最快的类别。2014 年至 2020 年，广东省核心版权产业的行业增加值从 2492.81 亿元人民币增长至 5149.30 亿元人民币，增长 106.57%，年均增长率为 12.85%，高于同期版权产业年均增长率 3.49 个百分点；核心版权产业占全省 GDP 的比重从 3.68% 提高至 4.65%，提高 0.97 个百分点。详见表 1-2、图 1-17。

表 1-2　2014—2020 年广东省版权产业的行业增加值数据

类别	指标	2014 年	2015 年	2016 年	2018 年	2020 年
核心版权产业	增加值（亿元）	2492.81	2875.05	3314.91	4251.19	5149.30
	占全省比重	3.68%	3.95%	4.17%	4.37%	4.65%
相互依存的版权产业	增加值（亿元）	1900.36	1988.14	2095.08	2525.32	2737.20
	占全省比重	2.80%	2.73%	2.63%	2.60%	2.47%
部分版权产业	增加值（亿元）	396.66	413.19	432.21	527.88	638.64
	占全省比重	0.58%	0.57%	0.54%	0.54%	0.58%
非专用支持产业	增加值（亿元）	901.31	908.08	1002.13	1168.21	1209.96
	占全省比重	1.33%	1.25%	1.26%	1.20%	1.09%
全部版权产业	增加值（亿元）	5691.14	6184.47	6844.33	8472.60	9735.10
	占全省比重	8.39%	8.49%	8.61%	8.71%	8.79%

图 1-17　2014—2020 年广东省版权产业的行业增加值及占全省比重

（二）就业人数的纵向比较

2014 年至 2020 年，广东省版权产业的就业人数从 461.18 万人增长至 609.50 万人，增长 32.16%，年均增长率为 4.76%；版权产业占全省就业人数的比重从 7.46% 提高至 8.66%，提高 1.20 个百分点。

其中，核心版权产业是广东省版权产业中就业人数增长最快的类别。2014 年至 2020 年，广东省核心版权产业的就业人数从 153.89 万人增长至 256.25 万人，增长 66.52%，年均增长率为 8.87%，高于同期版权产业年均增长率 4.11 个百分点；核心版权产业占全省就业人数的比重从 2.49% 提高至 3.64%，提高 1.15 个百分点。详见表 1-3、图 1-18。

2020年广东省版权产业的经济贡献

表1-3 2014—2020年广东省版权产业的就业人数数据

类别	指标	2014年	2015年	2016年	2018年	2020年
核心版权产业	就业人数（万人）	153.89	175.89	196.45	217.15	256.25
	占全省比重	2.49%	2.83%	3.13%	3.34%	3.64%
相互依存的版权产业	就业人数（万人）	172.96	172.51	172.83	175.32	181.67
	占全省比重	2.80%	2.77%	2.75%	2.69%	2.58%
部分版权产业	就业人数（万人）	63.44	63.09	63.27	66.57	67.91
	占全省比重	1.03%	1.01%	1.01%	1.02%	0.96%
非专用支持产业	就业人数（万人）	70.90	75.62	79.90	81.86	103.68
	占全省比重	1.15%	1.22%	1.27%	1.26%	1.47%
全部版权产业	就业人数（万人）	461.18	487.12	512.45	540.90	609.50
	占全省比重	7.46%	7.83%	8.16%	8.31%	8.66%

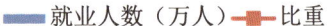

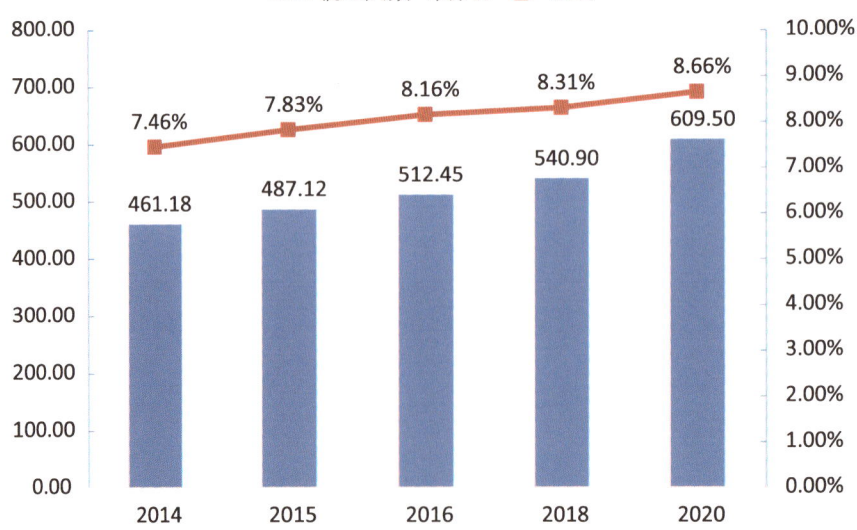

图1-18 2014—2020年广东省版权产业的就业人数及占全省比重

（三）商品出口额的纵向比较

受国际市场环境不景气及新冠肺炎疫情冲击的影响，2014年至2020年，广东省版权产业的商品出口额及在全省中的比重有所波动，各类别同口径相比均呈下降趋势[①]。详见表1-4。

表1-4 2014—2020年广东省版权产业的商品出口额数据

类别	指标	2014年	2015年	2016年	2018年	2020年
核心版权产业	出口额（亿美元）	24.97	25.43	23.23	23.04	18.71
	占全省比重	0.39%	0.40%	0.39%	0.36%	0.30%
相互依存的版权产业	出口额（亿美元）	753.45	705.55	658.38	1087.97	900.43
	占全省比重	11.66%	10.96%	11.00%	16.81%	14.33%
部分版权产业	出口额（亿美元）	113.09	104.92	95.31	104.87	98.08
	占全省比重	1.75%	1.63%	1.59%	1.62%	1.56%
全部版权产业	出口额（亿美元）	891.51	835.90	776.92	1215.88	1017.22
	占全省比重	13.80%	12.99%	12.98%	18.79%	16.19%

---

① 如前所述，课题组对2018年和2020年广东省版权产业商品进出口数据的测算口径进行调整，即在相互依存的版权产业中的电视机等类似设备产业组中增加了智能手机产品，这两个年度的口径与其他年度口径不一致。因而本报告中的2018年广东省版权产业商品进出口数据与2020年6月出版的《2018年广东省版权产业的经济贡献》一书中的数据不一致（即该书中的2018年数据不包括智能手机产品数据）。从同口径来看，相互依存的版权产业在2014—2016年间和2018—2020年间均有所下降。

四、2020年广东省版权产业数据的横向比较

在国内,中国新闻出版研究院自2007年受国家版权局委托,已连续对2006年至2020年全国版权产业的经济贡献数据进行了调研测算。此外,除广东外,上海、江苏、山东、陕西、四川、安徽以及广州、成都、东莞、廊坊、佛山、苏州、长沙、温州等省市也相继开展了地方版权产业调研项目。在国外,全世界已有40多个国家和地区开展了版权产业调研项目,其中,美国是调研历史最久、发布数据最多的国家。

虽然世界各国和国内各地均已开展了版权产业调研项目,但不同研究机构开展的项目在版权产业范围分类、基础数据获取来源、具体测算方法、版权因子确定等方面仍存在不小的差异,开展调研的年度也不完全一致,因而进行地区间的横向比较仍"举步维艰"[1]。

尽管开展地区间的比较存在一定困难,但为了进一步衡量广东省版权产业的发展水平、优势与不足,本报告对广东省版权产业数据进行初步的横向比较分析。需要说明的是,由于各地项目是由不同的研究机构分别开展,在具体调研方法、数据口径上存在差异,横向比较难以精准,仅供参考。

---

[1] 世界知识产权组织.版权产业的经济贡献调研指南.北京:法律出版社,2006:12.

第一章　2020年广东省版权产业的经济贡献

（一）国内比较

目前，除全国版权产业调研项目外，仅有江苏省和上海市发布了2020年版权产业的经济贡献数据，因而在国内比较部分仅将广东省版权产业数据与全国、江苏、上海的数据进行比较。

1. 与全国数据的比较

与全国数据比较来看，广东省版权产业主要指标高于全国版权产业数据。

在增加值方面，2020年，中国版权产业增加值占全国GDP的比重为7.39%；广东省版权产业增加值占全省GDP的比重为8.79%，高于全国版权产业比重1.40个百分点。在商品出口额方面，2020年，中国版权产业商品出口额占全国的比重为15.01%，广东省版权产业商品出口额占全省的比重为16.19%，高于全国版权产业比重1.18个百分点。[①] 如图1-19所示。

[①] 全国数据来源于中国新闻出版研究院《2020年中国版权产业的经济贡献》。

2020年广东省版权产业的经济贡献

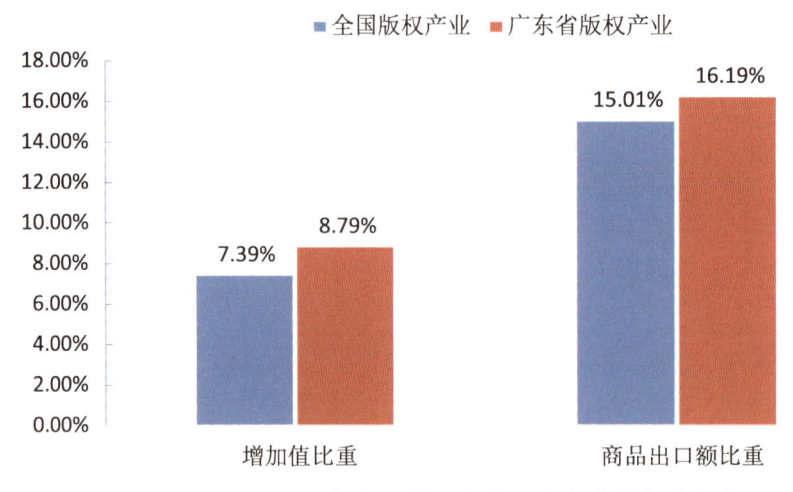

图1-19 2020年全国版权产业、广东省版权产业的
增加值和商品出口额占地区比重

2. 与部分省市数据的比较

近日，上海、江苏也发布了2020年版权产业的经济贡献数据。报告显示，2020年，上海市版权产业的增加值为3589.97亿元，占上海市GDP的9.45%，商品出口额为302.96亿美元，占上海市商品出口总额的15.29%；江苏省版权产业的增加值为8861.75亿元，占江苏省GDP的8.63%，商品出口额为243.65亿美元，占江苏省商品出口总额的6.15%。①

---

① 2020年上海市版权产业数据来源于上海市版权局发布的《上海版权产业报告（2019—2020）》，其中，上海市版权产业出口额占全市比重为该报告中的数据除以《上海统计年鉴2021》中的上海市出口总额数据得出；2020年江苏省版权产业数据来源于江苏省版权局发布的《2020年江苏省版权产业经济贡献度调查报告》，其中，江苏省商品出口额占全省比重为该报告中的数据除以《江苏统计年鉴2021》中的江苏省出口总额数据得出。

第一章 2020年广东省版权产业的经济贡献

在增加值方面，2020年广东省版权产业的增加值均高于江苏省和上海市；广东省版权产业增加值在GDP中的比重高于江苏省版权产业比重0.16个百分点，低于上海市版权产业比重0.66个百分点。如图1-20所示。

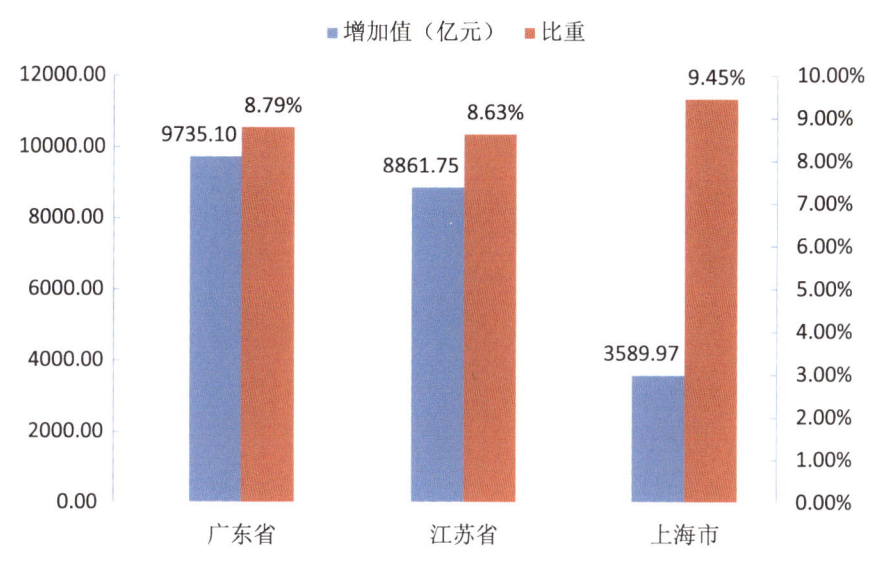

图1-20 2020年广东省、江苏省和上海市版权产业的增加值及占地区GDP的比重

在出口方面，2020年广东省版权产业的商品出口额均高于江苏省和上海市；其在地区出口总额中的比重高于江苏省版权产业10.04个百分点，高于上海市版权产业0.90个百分点。如图1-21所示。

2020年广东省版权产业的经济贡献

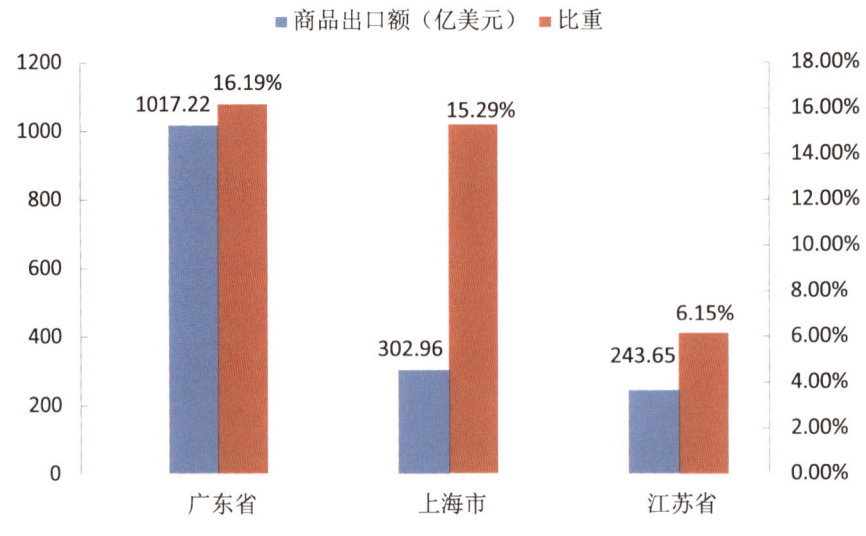

图 1-21 2020年广东省、江苏省和上海市版权产业的商品出口额及占地区出口总额的比重

（二）国际比较

目前已有40多个国家和地区开展了版权产业的经济贡献调研项目，但除美国等少数国家连续开展并公布了相关调研结果，大多数国家仅开展过一次调研项目，数据也比较陈旧。因而在国际比较部分，仅将广东省版权产业数据与世界平均值以及美国版权产业最新数据进行比较。

1. 与世界平均值的比较

从国际范围来看，广东省版权产业增加值占GDP比重高于世界平均水平。根据世界知识产权组织发布的调研报告[①]，

---

① 见《2014 WIPO STUDIES ON THE ECONOMIC CONTRIBUTION OF THE COPYRIGHT INDUSTRIES OVERVIEW》。

世界已开展调研国家的全部版权产业和核心版权产业增加值占 GDP 比重平均值分别为 5.18% 和 2.77%，广东省全部版权产业和核心版权产业增加值的比重分别高于世界平均值 3.61 和 1.88 个百分点，在各调研国家中处于较高水平。如图 1-22 所示。

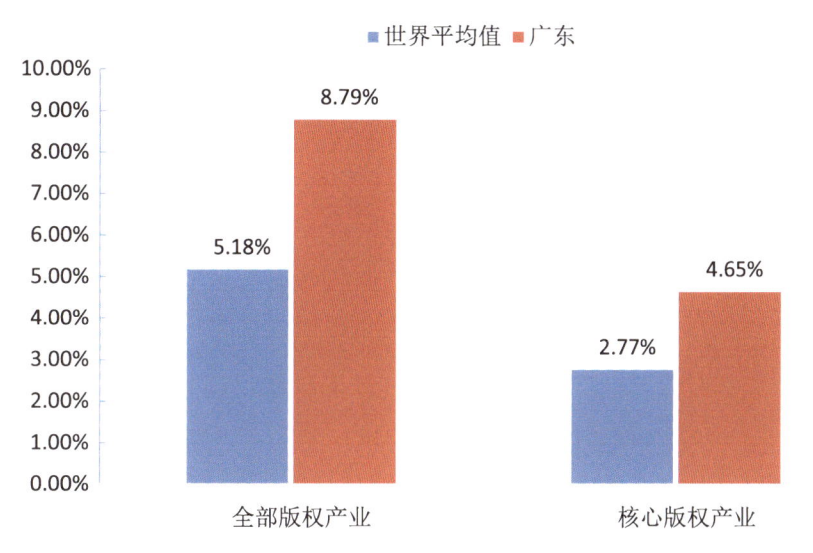

图 1-22　广东省全部版权产业和核心版权产业增加值占 GDP 比重与世界平均值的比较

2. 与美国数据的比较

美国是世界上开展版权产业调研次数较多的国家之一，目前已发布了 18 份调研报告。根据最新报告，2019 年，美国版权产业的增加值为 25682.3 亿美元，占全美 GDP 的 11.99%；其中，美国核心版权产业的增加值为 15871.6 亿美元，占全美

2020年广东省版权产业的经济贡献

GDP 的 7.41%[①]。

与美国相比，2020 年广东省版权产业增加值占 GDP 比重低于 2019 年美国版权产业比重 3.20 个百分点；其中，广东省核心版权产业增加值占 GDP 比重低于美国核心版权产业比重 2.76 个百分点。如图 1-23 所示。

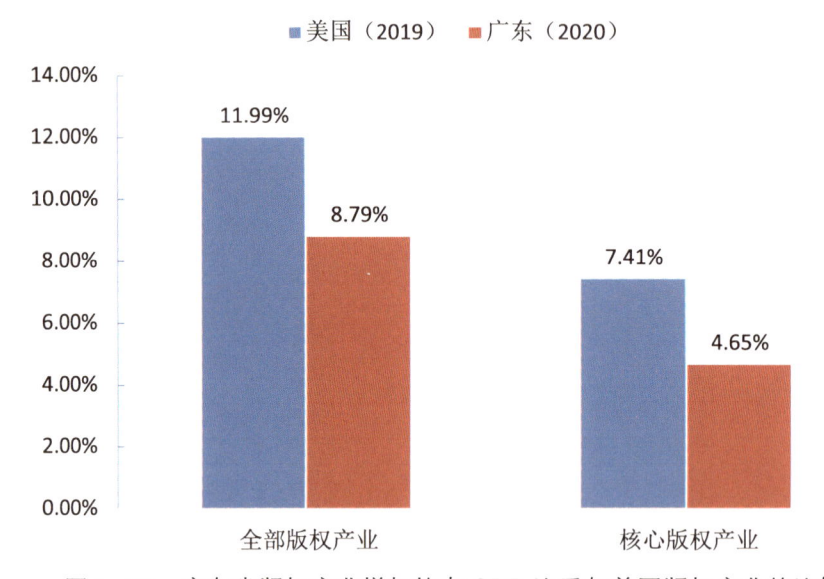

图 1-23 广东省版权产业增加值占 GDP 比重与美国版权产业的比较

通过上述横向比较可以看出，广东省版权产业的经济贡献在全国乃至世界均处于较高水平，但在地区 GDP 中的比重与国内的上海、国外的美国等发达地区相比，仍有较大的提升空

---

① 美国版权产业数据来源于美国知识产权联盟发布的《Copyright Industries in the U.S. Economy: The 2020 Report》，因目前美国版权产业最新数据为 2019 年，只能将 2020 年广东省版权产业数据与 2019 年美国版权产业数据进行比较。

间。如图 1-24 所示。

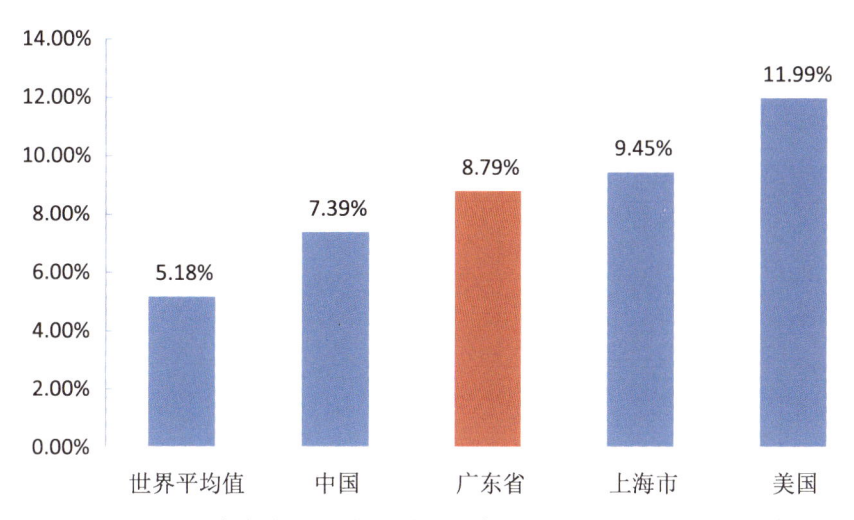

图 1-24　广东省版权产业增加值占 GDP 比重的国内国际比较

第二章
广东省版权产业主要行业发展情况

一、核心版权产业主要行业发展情况

按照世界知识产权组织的定义，核心版权产业是完全从事作品及其他受保护客体的创作、制作和制造、表演、广播、传播和展览或销售和发行的产业，主要包括文字作品，音乐、戏剧制作、曲艺、舞蹈和杂技，电影和影带，广播和电视，摄影，软件和数据库，美术与建筑设计、图形和模型作品，广告服务，版权集体管理与服务等9个产业组[①]。核心版权产业是全部版权产业中最核心、最重要的组成部分，其发展状况很大程度反映了一个地区版权产业发展水平的高低。

广东省核心版权产业主要有软件、新闻出版、广播影视、游戏电竞、动漫、广告、设计等，这些行业与广东省战略性产业集群中的新一代电子信息、软件与信息服务、超高清视频显示、半导体与集成电路、数字创意等有很大重合。广东省核心

[①] 世界知识产权组织.版权产业的经济贡献调研指南.北京：法律出版社，2006:132.

版权产业不仅是全省现代产业体系的重要组成部分，在全国也居于领先地位。

2020年，广东省核心版权产业的行业增加值为5149.30亿元人民币，占全省GDP的4.65%；就业人数为256.25万人，占全省就业人数的3.64%；商品出口额为18.71亿美元，占全省出口总额的0.30%。核心版权产业对广东省版权产业行业增加值和就业人数的贡献十分突出，分别占到全部版权产业的53%和42%。虽然印刷、电影等传统行业受疫情影响产业发展有所放缓甚至收入下滑，但软件、游戏电竞、数字出版等新兴产业发展势头良好，在疫情期间实现逆势增长。

（一）软件

广东省是我国软件和信息技术服务业大省，产业综合实力和发展规模连续多年位居全国前列，软件出口、利润总额、PCT国际专利申请量、软件著作权登记量等多项指标均位居全国首位。软件和信息技术服务业已成为广东省核心版权产业中最重要的组成部分之一。2020年，广东省工信厅等部门联合印发《广东省发展软件与信息服务战略性支柱产业集群行动计划（2021—2025年）》，提出围绕提升创新能力、优化发展布局、培育特色园区等重点任务和重点工程，打造具有国际竞争力的软件与信息服务产业发展高地。

产业发展快、总量大，规模位居全国前列。 2020年，广东省实现软件业务收入13630亿元，占全国软件业务收入的

16.71%，位居全国第二位；软件业务收入同比增长 14.8%，增速高于全国平均水平，位居全国第二位；实现利润总额 2340.7 亿元，占全国软件利润总额的 20.1%；实现软件业务出口 227.2 亿美元，占全国软件业务出口 36.6%，位居全国之首[①]。如图 2-1 所示。

图 2-1　2016—2020 年广东省软件业务收入及占全国比重

软件名城引领发展，产业集聚效应明显。广东省软件产业已形成以广州、深圳两个中国软件名城为核心，珠三角地区为主体，粤东西北为补充的梯度产业发展格局。以广州、深圳等

---

① 如无特殊说明，本部分广东省软件产业数据均来自广东省工业和信息化厅，全国软件产业数据来自工业和信息化部《2020 年软件和信息技术服务业年度统计数据》。

为核心的珠三角地区引领全行业发展。2020年，珠三角地区完成软件业务收入13595.5亿元，占全省的99.7%。其中，深圳完成软件业务收入7913亿元、广州完成软件业务收入4948.8亿元，合计占全省的94.4%。

新兴行业发展迅速，信息技术服务比重最大。广东省软件产业链条完整，近年来产业结构不断优化，在云计算、大数据、人工智能、工业互联网等新兴领域实现快速发展。2020年，广东省信息技术服务收入8836亿元，同比增长19.5%，占全行业收入的比重为64.83%，增速和占比位居软件产业各行业之首。如图2-2所示。

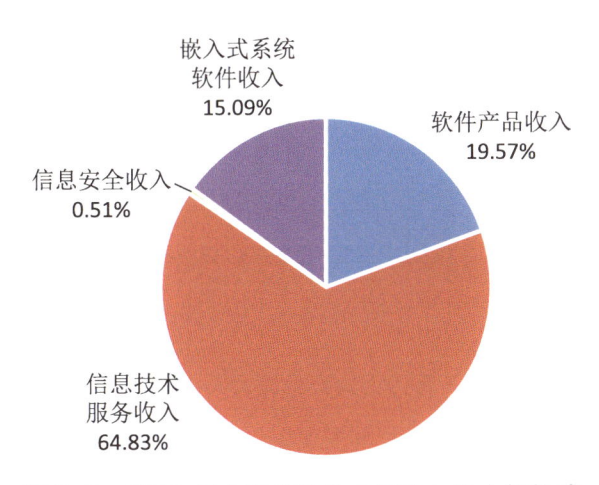

图2-2 2020年广东省软件业务收入的内部构成

创新能力不断增强，龙头企业优势明显。近年来，广东省软件企业更加重视创新。2020年，广东省软件产业研发费用合计1923亿元，增长27.6%，研发投入占比达到14.1%，企业软件研发、技术人员占总从业人数的 58.9%；软件著作权登记数超过 23.7 万件，约占全国 13.8%，连续 5 年位居全国登记量榜首；PCT 国际专利申请量约占全国 41.8%，连续 19 年居全国首位。创新能力的提高也使得广东软件企业的实力增强。2020 年，广东省软件业务收入超亿元的企业共有 1246 家，比 2019 年增加 190 家。这些企业在相关细分领域成为具有较强竞争力和自主创新能力的领军企业，其中，腾讯、网易、唯品会等 13 家企业入选 2020 年中国互联网企业百强企业名单。详见表 2-1。

表 2-1 广东省入选 2020 年中国互联网百强企业名单

序号	排名	企业名称	企业简称	主要品牌
1	2	深圳市腾讯计算机系统有限公司	腾讯公司	微信、腾讯云、腾讯视频、腾讯会议
2	6	网易集团	网易	网易游戏、网易邮箱、网易有道、网易新闻
3	24	唯品会（中国）有限公司	唯品会	唯品会
4	30	广州华多网络科技有限公司	欢聚时代	YY 直播
5	44	广州多益网络股份有限公司	多益网络	多益网络、神武、梦想世界、传送门骑士
6	51	深圳市梦网科技发展有限公司	梦网科技	5G 消息、富信、梦网云会议
7	56	深圳乐信控股有限公司	乐信	乐信、乐卡、乐花、分期乐
8	71	深圳市迅雷网络技术有限公司	迅雷集团	迅雷 X、迅雷直播、手机迅雷、迅雷快鸟
9	79	深圳市房多多网络科技有限公司	房多多	房多多

（续表）

序号	排名	企业名称	企业简称	主要品牌
10	81	深圳市创梦天地科技有限公司	创梦天地	乐逗游戏
11	84	广州荔支网络技术有限公司	荔枝集团	荔枝
12	85	汇量科技集团	汇量科技	Mintegral、GameAnalytics、Nativex
13	94	广州趣丸网络科技有限公司	趣丸网络	TT语音、TT电竞

（二）新闻出版

新闻出版也是广东省核心版权产业的重要行业之一。2020年，在省委、省政府统筹疫情防控和经济社会发展方针指引下，广东省新闻出版产业收入在一季度后逐季恢复，呈现稳中向好、稳中提质运行态势，全年实现营业收入2625.09亿元，较2019年上涨0.09%，占全国新闻出版产业营业收入的15.65%。根据国家新闻出版署《2020年新闻出版产业分析报告》，广东省新闻出版产业总体经济规模排名全国第一位，营业收入、资产总额、纳税总额、就业人数等指标均位居全国之首。[1]

印刷复制为主体，全国优势持续领先。从产业构成上看，印刷复制仍是广东省新闻出版产业的核心类别，营业收入占到全行业的92%左右，多项经济指标多年居于全国首位。近年来，

---

[1] 如无特殊说明，本部分广东省新闻出版产业数据均来自广东省委宣传部，全国新闻出版产业数据来自国家新闻出版署《2020年新闻出版产业分析报告》。

受数字化冲击、产品竞争激烈和外部经济等多种因素的影响，广东省印刷复制业的印刷量小幅下降。2020年，广东印刷复制业实现营业收入2433.18亿元，比2019年下降0.45%，但仍占到全国的20.29%。

图书出版营收增长，社会经济效益双丰收。2020年，广东省共出版图书12720种，其中，出版新书4981种，图书总印数3.21亿册，年销售收入20.86亿元，图书出版营业收入增速在新闻出版8个产业类别中名列前茅，呈现出以下三个特点。一是主题出版出新出彩。广东省围绕建党100周年、深圳经济特区建立40周年等主题，推出一批主题鲜明、昂扬向上的出版物，取得良好社会效益。其中，《为什么是深圳》等5种选题入选中宣部2020年重点主题出版物选题目录；《钟南山：苍生在上》入选中宣部2020年"优秀现实题材文学出版工程"；《中国共产党廉政建设史》等20个项目入选2020年度国家出版基金资助项目。二是文学少儿等优秀原创图书经济效益显著。2020年，全省文学、少儿原创图书年度总印数达到或者超过50万册的图书有8种，比上年度增加3种。三是积极助力疫情防控工作。2020年1月23日，广东率先在全国推出第一本防控新冠肺炎图书《新型冠状病毒感染防护》，总发行量200余万册，另有10余种防疫科普图书相继面世，助力打赢疫情防控阻击战。

传统报纸多元化经营，媒体融合转型加快。虽然广东省报纸出版总印数近年来持续下滑，但2020年仍实现营业收入

46.09亿元，同比上涨4.48%。多元化经营、媒体融合成为报业新的经济增长点。其中，南方报业传媒集团新媒体收入同比增长30%，全年营业收入和净利润增速均创近年新高。羊城晚报报业集团以"羊城晚报"＋"羊城创意产业园"的"双品牌、双平台"为发展方向，品牌价值和知名度持续提升，在2020年世界媒体品牌500强总榜中位居第286位，羊城晚报品牌价值稳居全国晚报类第一名。南方财经全媒体集团加快推进媒体深度融合，"21财经"App下载量稳居全国财经媒体客户端首位，"21财经"App和"习近平新时代中国特色社会主义经济思想数据库"入选国家新闻出版署2020年"中国报业深度融合发展创新案例"。

加大对发行业扶持力度，支持实体书店发展。随着《关于支持实体书店发展的指导意见》的实施，广东省各级新闻出版主管部门在政策、资金、经营场所、税收等方面加大对实体书店的扶持力度，积极推动复产复工，努力克服新冠肺炎疫情对发行业带来的不利影响。其中，广州安排资金扶持实体书店，对新店拓展、创新经营、阅读活动、书展、公益活动以及租金等予以补助；深圳面向市民发放共计10万张"惠读书"购书现金抵扣券，鼓励市民阅读消费，帮助书店渡过难关；江门推出"乐购侨都、约惠江门"促消费活动，对购买正版书刊读物的消费者给予政府消费补贴。据统计，2020年，广东省共有出版物发行单位9595家，比2018年增长59.52%；发行网点18354家，比2018年增长28.84%。

促进全民阅读工作，阅读率高于全国水平。 广东省贯彻落实《广东省全民阅读促进条例》，积极打造"书香岭南"全民阅读、南国书香节、书香羊城阅读月、深圳读书月等品牌活动。据调查，2020年，广东省成年居民的综合阅读率为94.67%，纸质读物人均阅读量为5.85本，较上年有明显提升，也高于全国综合阅读率和纸质书阅读量。广东省成年居民阅读媒介也逐渐多样化，数字阅读、云端知识消费、网络互动、多场景应用等正成为最新阅读形式，数字阅读终端接触率为93.55%，较上年有所提升。[①]

（三）广播影视

2020年，广东省广播影视行业一方面围绕庆祝深圳经济特区建立40周年、决胜全面小康等主题主线，加强重点影视作品创作，粤产精品电影、广播电视和网络视听节目获得多项国内大奖；另一方面统筹疫情防控和产业发展，出台帮扶措施推动行业复苏，特别是《广东省超高清视频产业发展行动计划》等文件的出台，推动超高清视频、网络视听等新兴产业快速发展，超高清视频显示成为全省十大战略性支柱产业集群之一，产业整体实力和综合竞争力明显增强。

广电行业收入增长迅速，电影票房蝉联全国榜首。 2020年，

---

① 广东省阅读率数据来源于南国书香节组委会办公室发布的《2020年度广东省全民阅读指数报告》，全国阅读率数据来源于中国新闻出版研究院发布的《2020全国国民阅读调查报告》。

广东省共有广播电视节目制作经营机构数量3045家，网络视听节目单位127家，全省广播电视服务业总收入963.46亿元，同比增长23.48%[1]；全年生产电影故事片64部，动画电影10部，纪录电影2部，特种影片14部，总计90部；电影院线35家，新增影院103家，影院总数达到1513家，新增银幕851块，银幕总数达到9414块，观影人次为6690万，影院数、银幕数和观影人次均居全国第一；电影票房收入为25.94亿元，占全国总票房收入的12.7%，连续十九年蝉联全国榜首[2]。

强化精品创作，广播影视作品屡获大奖。2020年，多部广东出品的电影获第33届中国电影金鸡奖，其中，《掬水月在手》获最佳纪录片，《点点星光》获最佳儿童片，粤剧电影《刑场上的婚礼》获最佳戏曲片提名并创下全国戏剧电影票房历史新高；广东出品电影《回南天》在第21届韩国全州国际电影节斩获最高奖；省内75个项目获评国家广电总局的季度推优、重点选题、重点节目等评选活动；《海上来客》荣获2020中国（广州）国际纪录片节"金红棉"优秀系列纪录片；广东合作拍摄的电视剧《外交风云》荣获第32届中国电视剧"飞天奖"和第30届中国电视"金鹰奖"；纪录片《一个美国制片人眼中的粤港澳大湾区》和专题节目《练江整治记》获得中国新闻奖；《生活大数据》《新时代：中国与世界》等多个节目获得

---

[1] 数据来源：广东省广播电视局和《2020年广东省广播电视行业统计公报》。

[2] 数据来源：广东省委宣传部提供。

中国广播电视大奖。

超高清视频成产业发展新名片。 近年来，广东省把超高清视频产业作为重点培育发展的战略性产业集群之一，在全国率先出台《广东省超高清视频产业发展行动计划（2019—2022年）》等系列政策，被工信部、国家广电总局认定为全国首个超高清视频产业发展试验区。2020年，广东省超高清视频产业规模约6000亿元，约占全国的33%[1]。在平台打造上，相继举办了世界超高清视频（4K/8K）产业发展大会、广东省4K/8K超高清视频产业发展论坛、广东省4K/8K超高清视频产业发展成果展。在播出平台上，广东广播电视台综艺4K超高清频道（全国首个省级4K超高清电视频道）、广州市广播电视台南国都市4K超高清频道相继正式开播，广东省有线电视和IPTV业务均开设了4K/8K节目视频点播专区，共同为用户提供4K/8K高品质视听服务。

网络视听产业发展迅速优势明显。 广东省网络视听产业总体规模与综合实力位居全国前列，约占全国产值规模的40%。广东省网络视听产业已在不同细分领域拥有一批全国性的头部平台，包括酷狗音乐、虎牙直播、腾讯视频、YY直播、荔枝App等。综合视频平台月活跃用户数超4.5亿人，占全国60%以上；网络直播头部平台全球月活跃用户数超6.3亿人，其中，海外用户占比近80%；网络音乐月活跃用户数突破4亿人，用

---

[1] 南方新闻网. 广东超高清视频产业营收达6000亿元. https://baijiahao.baidu.com/s?id=1699333247851835488&wfr=spider&for=pc.

户规模占全国六成以上，产值规模占全国近八成。[1]2020年，广东省进一步加大对网络视听产业的扶持力度，印发《广东省网络视听产业试点机构管理工作方案》，广州虎牙信息科技有限公司等10家机构入选首批试点名单，并设立"广东省原创网络视听精品项目库"，对入库作品给予全方位指导和服务保障，对全省网络视听产业发展具有示范带动作用。广东省网络视听节目精品创作也取得显著成绩。2020年，广东省共有43部优秀网络视听作品获得国家广电总局专项扶持奖励和各类评优奖项；网络剧《你是我的荣耀》入选国家广电总局重大题材网络影视剧项目库，目前播放量已达40.1亿；《风味人间》等一批蕴含中国文化特色的网络视听精品在海外落地开花，成为讲好广东故事、传播岭南文化的重要渠道。[2]

（四）游戏电竞

广东省是我国游戏电竞产业第一大省，多项指标长期全国遥遥领先。在广东省重点培育发展的战略性产业集群中，游戏电竞是十大战略性新兴产业集群之一——数字创意产业集群中的重要组成部分。2020年，面对新冠肺炎疫情的不利影响，在《广东省培育数字创意战略性新兴产业集群行动计划（2021—2025年）》指引下，广东省游戏电竞产业主动适应居家游戏消费增

---

[1] 数据来源：《粤港澳大湾区建设背景下广东网络视听行业发展研究报告》。
[2] 广东省广播电视局．精品内容+精细服务+高新产业 广电事业迈向高质量发展．http://gbdsj.gd.gov.cn/zxzx/bjxx/content/post_3813293.html.

长的市场需求，实现产业快速发展，同时也为疫情防控、促进文化消费作出了积极贡献。

游戏营收规模增长迅速。2020年，广东省游戏营收规模达2132.1亿元，同比增长21.5%，结束了近两年来增速下滑的局面；广东省游戏营收占全国比重为76.5%，比2019年提升了0.9个百分点。广东省网络游戏[①]出海营收规模达317.6亿元，同比增长31.1%；广东省网络游戏营收占全球网络游戏比重为24.9%，比2019年提高0.4个百分点。如图2-3、2-4所示。

图2-3 2018—2020年广东省游戏营收规模及增速

---

① 包括移动游戏、客户端游戏、网页游戏。

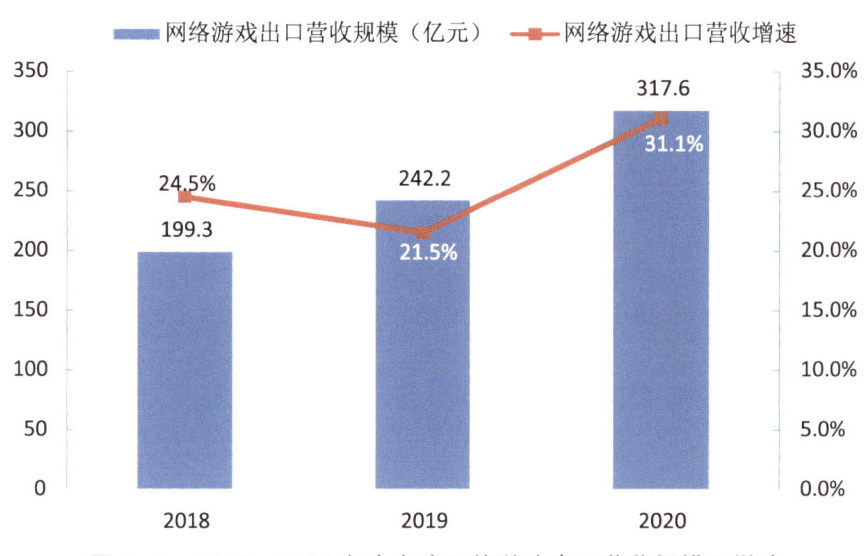

图 2-4　2018—2020 年广东省网络游戏出口营收规模及增速

游戏企业数量居全国首位。2020 年，在全国游戏企业总数下滑的大背景下，广东省游戏企业总数仍超过一万家，占全国比重为 35.3%，居全国首位；其中，营收在 5 亿元以上的广东游戏企业达 25 家，有 7 家年营收在 20 亿元—100 亿元之间，3 家营收在 100 亿元以上（腾讯、网易、三七互娱）。广东省上市游戏企业数量达 49 家，占比 23.8%，在全国仍旧排名第一。在 2020 年中国游戏企业营收 TOP50 排名中，广东省有 11 家游戏企业进入榜单，且大多位于榜单头部，腾讯、网易、三七互娱分别位居前三位，显示出广东省游戏企业竞争实力强劲。[1]

电竞产业领跑全国。广东省游戏产业的龙头地位也为电竞

---

[1] 本部分广东省游戏产业数据来自广东省游戏产业协会发布的《2020 年广东游戏产业数据报告》。

产业提供巨大优势。近年来，广州天河、黄埔、花都，深圳龙岗、南山，佛山南海等地都加大对电竞产业的扶持力度，电竞产业取得快速发展。2020年，广东省电子竞技产业收入达到1197.6亿元，比2019年增长29.5%；广东省电竞收入已占到全国的75.56%，电竞企业数量也位居全国第一。在电竞研发方面，全国2020年流水前二十的移动电竞产品中，广东出品占比数量达八成，流水数据达94.6%。在电竞直播方面，广东省拥有虎牙、企鹅电竞、网易CC等多家游戏直播平台，游戏直播收入占据全国36%的份额。在电子竞技硬件设备方面，广东省专业生产电子竞技硬件设备的企业近90家，全国领先。但广东省在赛事承办、赛事服务、电竞教育等方面与上海、北京等地仍有差距。[①]

（五）动漫

广东省动漫产业起步早、发展快，广州奥飞、深圳华强、漫友、咏生等全国龙头动漫企业在精品创作和"走出去"方面呈现良好发展势头。2020年印发的《广东省人民政府关于培育发展战略性支柱产业集群和战略性新兴产业集群的意见》将动漫作为数字创意产业集群的优势产业。《广东省培育数字创意战略性新兴产业集群行动计划（2021—2025年）》提出，通过培育头部动漫企业、加快动漫创作生产、打造知名动漫展

[①] 本部分广东省电竞产业数据来自于广东省游戏产业协会发布的《2020广东电竞产业发展报告》。

会等重点工作,促进动漫产业健康发展。

动漫产业长期走在全国前列。"十三五"期间,广东省动漫产业保持快速发展态势,全省动漫产业发展水平位居全国前列。截至2020年12月,广东省共有国家认定动漫企业64家,其中5家为国家重点动漫企业,全年经国家认定的动漫企业营业收入总额为28.08亿元,利润总额2.99亿元。[1]

粤产动漫屡创国内佳绩。广东省电视动画备案数量和发行数量均居全国首位。2020年,广东省共备案国产电视动画片89部、2812集,完成制作发行73部、2102集。[2]在这些动画中,涌现出一批反映现实题材、充满正能量的精品力作。在国家广播电视总局2020年度优秀国产电视动画片评选中,《熊熊乐园4》《天天成长记第四季》《小凉帽之魔法凉帽》3部广东出品电视动画片入选年度优秀动画作品,《熊熊乐园》系列动画片获优秀国际传播作品,华强方特(深圳)动画有限公司获年度优秀制作机构。在第四届社会主义核心价值观动画短片扶持创作活动中,广东高校及动画制作机构共5部作品入选,占全国总数的七分之一。动画电影《熊出没·狂野大陆》获第33届中国电影金鸡奖最佳美术片提名。[3]

粤产动漫海外影响力不断扩大。广东动漫制作机构还瞄准

---

[1] 数据来源:广东省文化和旅游厅提供。
[2] 数据来源:广东省广播电视局提供。
[3] 广东省广播电视局.守正创新凸显时代特色 粤产电视动画屡创佳绩. http://gbdsj.gd.gov.cn/zxzx/bjxx/content/post_3497735.html.

海外市场,通过动漫作品"走出去",使粤产动漫的国际影响力不断增强。广州奥飞已与全球超过120家媒体及1280个合作伙伴达成长期战略合作关系,《超级飞侠》《喜羊羊与灰太狼》全球消费者超过30亿,带动产值逾500亿元。深圳华强方特的《熊出没》《熊熊乐园》系列动画内容已发行至全球100多个国家和地区,并登陆迪士尼、SONY、Netflix等国际知名平台;咏声公司的《猪猪侠》《逗逗迪迪》《疯狂小糖》等共向北美、大洋洲、东南亚等地区20余家公司授权。①

二、非核心版权产业主要行业发展情况

按照世界知识产权组织的分类,非核心版权产业包括相互依存的版权产业、部分版权产业和非专用支持产业三类。相互依存的版权产业主要生产"版权硬件"(如电视机、计算机、打印机等),为作品生产传播提供载体;部分版权产业中的产品只有某些元素(如服装的款式、花色等)具有版权属性;非专用支持产业主要是通过交通运输、批发零售、信息传输为作品的传播提供支持。

非核心版权产业也在广东省经济发展中发挥了重要作用,其中,电子信息制造(涉及新一代电子信息、智能家电、超高清视频显示等产业集群)和纺织服装、家具、陶瓷、珠宝、造

---

① 广东省广播电视局. 守正创新凸显时代特色 粤产电视动画屡创佳绩. http://gbdsj.gd.gov.cn/zxzx/bjxx/content/post_3497735.html.

纸、工艺美术（属于现代轻工纺织产业集群）等行业均是广东省近年来重点打造的十大战略性支柱产业集群之一，具有坚实发展基础和增长趋势，也是广东经济的重要基础和支撑。

2020年，广东省非核心版权产业的行业增加值为4585.80亿元人民币，占全省GDP的4.14%；就业人数为353.26万人，占全省就业人数的5.02%；商品出口额为998.51亿美元，占全省商品出口总额的15.89%。非核心版权产业的行业增加值和就业人数分别占到全部版权产业的47%和58%；而在商品出口方面，广东省版权产业的商品出口额几乎全部是非核心版权产业贡献的，非核心版权产业的商品出口额占到全部版权产业的98%。整体来看，非核心版权产业中的纺织服装、家具、陶瓷等传统行业在疫情冲击下发展面临较大困难，但以智能手机、4K电视、超高清视频显示等为代表的新一代电子信息制造业仍实现增长，体现出良好的发展韧性和稳定性。

（一）电子信息制造

广东省是我国重要的电子信息制造业基地，产业规模和主要产品产量长期位居全国之首。近年来，广东省加快培育世界级新一代电子信息产业集群，2020年相继印发了《广东省发展新一代电子信息战略性支柱产业集群行动计划（2021—2025年）》《广东省发展超高清视频显示战略性支柱产业集群加快建设超高清视频产业发展试验区行动计划（2021—2025年）》等文件，通过补齐短板做强产业链、以市场为导向提升价值链、以核心技术发展创新链，不断推动电子信息产业迈向全球价值链高端。

产业规模全国领先，版权硬件制造领跑全国。 2020年，广东省电子信息制造业实现营业收入42857.67亿元，增长3.3%，占全国电子信息制造业营业收入的35.4%，连续30年位居全国第一；实现出口交货值17985.02亿元，占全国出口交货值的30.74%；多种主要电子产品产量居全国首位，在全球也占有较大市场份额。其中，彩色电视机产量1.12亿台，增长7.6%，占全国产量的57.24%；手机产量6.2亿部，增长13.2%，占全国产量的42.1%；全球出货量前七名的手机品牌有3个在广东，全球智能手机出货量约占全球的30%。[①]

骨干企业实力强劲，创新能力不断增强。 广东省电子信息制造业拥有多家骨干企业，成为支撑全行业发展的主导力量，其中，华为、中兴通讯、富泰华工业（深圳）有限公司、OPPO、TCL和vivo6家企业营业收入突破千亿元。2020年，广东省共有26家企业入围全国电子信息百强企业名单，华为连续多年位居全国电子信息百强企业首位，并入围2020《财富》世界500强企业名单，排名由61位升至49位。华为、OPPO、腾讯、中兴、vivo等企业的知识产权授权数量位居全国乃至全球前列。

超高清显示发展迅速，产业聚集效应凸显。 近年来，广东

---

① 如无特殊说明，本部分广东省电子信息制造业数据均来自于广东省工业和信息化厅。

省培育引进一批超高清视频显示终端重大项目建设，初步形成从核心零部件、面板、模组到终端整机的新型显示全产业链。目前，广东省已初步建成广州、深圳、惠州3个超高清视频产业基地，基本形成"深莞惠河智能终端产业集聚区""广深惠新型显示产业集聚区""深汕梅肇潮新型电子元器件产业集聚区""广深珠集成电路产业集聚区"等特色产业承载区，以4K/8K超高清为代表的新型显示产业集群效应凸显。据统计，广东省4K电视产量、4K芯片出货量和显示面板产能位居全国第一，成为全国最大的面板生产基地和全球主要的面板生产基地，其中，华星光电电视面板出货量进入全球五强，创维4K机顶盒出货量全国第一[1]。2020年，广东四大彩电企业（TCL、创维、康佳、广东长虹）4K电视产量3383.2万台，同比增长19.6%，产量约占全国一半；4K电视销量3318.8万台，同比增长17.5%[2]。

（二）现代轻工纺织

广东省是轻工纺织大省，其中，服装、皮具、家具、陶瓷、珠宝首饰、玩具、纸及纸制品、乐器等产业规模居全国第一，具有较强的国际竞争力。现代轻工纺织也是广东省十大战略性支柱产业集群之一，其中多数行业属非核心版权产业。2020

---

[1] 南方+.广东4K电视产量、4K芯片出货量、显示面板产能均居全国第一. http://static.nfapp.southcn.com/content/201905/09/c2202177.html.
[2] 数据来源：广东省广播电视局提供。

年9月，为解决要素成本持续上涨、国际贸易壁垒增多、节能减排压力大等问题，广东省工信厅等五部门印发《广东省发展现代轻工纺织战略性支柱产业集群行动计划（2021—2025年）》，明确4大重点任务和5项重点工程，在协同发展、政策支持、营商环境等方面提出保障措施，推动形成具有全球影响力和竞争力的现代轻工纺织产业集群。

产业基础好，竞争力强。 广东省是全球主要的轻工纺织生产基地之一，产品品类丰富，在珠三角、东西两翼等地区形成了数十个各具特色的专业产业集群，基本形成涵盖研发设计、生产制造、销售物流等环节的完整产业链，服装、皮具、家具、陶瓷、珠宝首饰、玩具等产品产量居全国第一，也具有较强的国际竞争力。详见表2-2。

表2-2 广东省现代轻工纺织产业中与版权相关的主要行业分布情况

行业	主要分布地
纺织服装	广州、汕头、佛山、惠州、汕尾、东莞、中山、江门、湛江、潮州、揭阳
皮革制鞋	广州、深圳、佛山、惠州、东莞、江门、潮州
家具	广州、佛山、东莞、中山、江门
陶瓷	佛山、梅州、潮州
玩具	东莞、汕头、珠海、广州
珠宝	深圳、广州、东莞、揭阳、佛山、肇庆、汕尾、湛江
造纸	东莞、江门、阳江、湛江

受疫情影响大，经济指标下滑。 2020年，广东省纺织行业

实现主营业务收入 4564.7 亿元，下降 13.08%，占全国纺织行业的 10.3%；服装产量 37.29 亿件，下降 17.2%，占全国服装产量的 16.67%，居全国首位；家具行业主营业务收入 1900.57 亿元，下降 14.8%，占全国的 27.6%；陶瓷砖产量 20.9 亿平方米，下降 1.8%，卫生陶瓷产量 5000.2 万件，下降 1.6%。在出口方面，2020 年，广东省服装及衣着附件出口 1679 亿元，下降 22.03%，占全国 18.88%，居全国首位；皮革行业出口交货值 483.74 亿元，减少 33.7%；建筑卫生陶瓷产品出口 43.5 亿美元，下降 15.1%，其中，建筑陶瓷出口 16.8 亿美元，下降 28.7%，卫生陶瓷出口 22.11 亿美元，下降 8.1%；家具出口 1187.23 亿元，下降 6.3%。

推动销售模式转变，线上渠道拓展。新冠肺炎疫情对消费形式、产品形态、营销方式等带来新的改变，广东省纺织服装、家具、玩具等行业积极通过电商、直播带货等线上渠道，充分挖掘国内外市场潜力，产业形态呈现多样化发展。例如，2020 广东时装周（春季）于 4 月 18 日至 26 日期间以线上直播形式举行，其间举办了 20 场主题活动，全部通过各大直播平台进行全球同步直播，同时在线人数峰值突破 80 万人，观看总量 2750 万人次；在玩具销售方面，广东省玩具企业在天猫、京东、拼多多等电商平台的玩具销售占比已超过 40%。

（三）博物馆

2020 年，广东省印发《广东省加快推进文化和旅游融合发展三年行动计划（2020—2022年）》等文件，加大对非国有和特色博物馆发展的扶持力度，不断优化疫情防控常态下的博物馆管理政策措施，持续提升博物馆公共服务效能，积极探索线上线下相融互促的发展思路，有序推进陈列展览和开放服务工作，博物馆数量与质量同步提升。截至2020年底，全省共有博物馆352家，比2015年增加89家，增长33.8%；全省博物馆建筑面积达185.87万平方米，比2016年增长37%；全省展厅面积76.55万平方米，比2016年增长30.5%；全省博物馆藏品达243.23万件/套，比2016年增长11.6%。[①] 如图2-5所示。

图2-5　2015—2020年广东省博物馆数量变化情况

[①] 如无特殊说明，本部分广东省博物馆数据均来自广东省文化和旅游厅。

国家级博物馆数量位居全国前列。2020年，广东省新增39家国家级博物馆，新增数量居全国第三位，其中，有7家非国有博物馆被评定为国家二级、三级博物馆，实现了非国有国家级博物馆"零的突破"。截至2020年底，广东省共有国家一级、二级、三级博物馆84家，数量居全国第二位，占全省博物馆总量的23.9%，其中，国家一级博物馆10家、国家二级博物馆32家、国家三级博物馆42家，博物馆整体质量居全国前列。与2015年相比，广东省国家一级、二级、三级博物馆数量增加35家，增长71.4%。

以国有博物馆和历史文化、综合地志类博物馆为主体。在广东省352家博物馆中，国有博物馆247家，占全省博物馆总量的70.2%；非国有博物馆105家，占全省博物馆总量的29.8%。按博物馆的藏品和基本陈列内容类型分，广东省共有历史文化类博物馆118家，占全省博物馆总量的33.5%；综合地志类博物馆97家，占27.5%；革命纪念类博物馆40家，占11.4%；艺术类博物馆32家，占9.1%；自然科技类博物馆8家，占2.3%；考古遗址类博物馆6家，占1.7%；其他类型博物馆51家，占14.5%。广东省博物馆以历史文化类和综合地志类博物馆为主体，在自然、科技、工业类博物馆和非国有博物馆领域仍有很大的发展空间。如图2-6所示。

2020年广东省版权产业的经济贡献

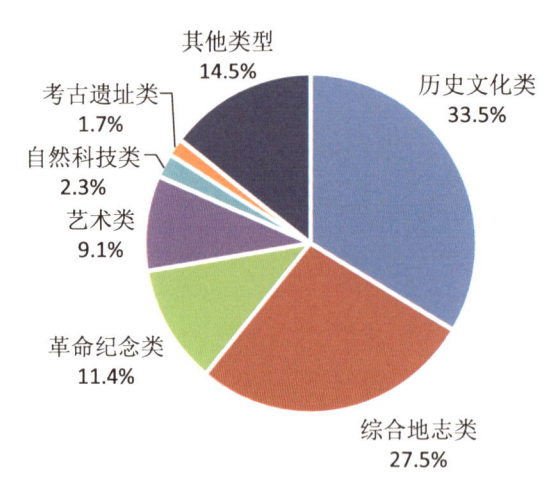

图 2-6　2020年广东省不同类型博物馆数量的构成情况

珠三角地区较为集中，广深数量全省领先。从各市博物馆的数量来看，广东省博物馆主要分布在珠三角地区特别是广州和深圳两市。截至2020年底，珠三角地区共有博物馆213家，占全省的61%；沿海经济带东西两翼地区共有博物馆68家，占全省的19%；北部生态发展区共有博物馆71家，占全省的20%。其中，广州市共有博物馆65家，占全省的18.5%，国家一级、二级、三级博物馆数量23家，占全省的27.4%，文物系统国有博物馆34家，三项指标均位居全省第一；深圳市共有博物馆54家，占全省的15.3%，位居全省第二，特别是社会资本参与博物馆建设踊跃，非国有博物馆数量位居全省之首。如图2-7所示。

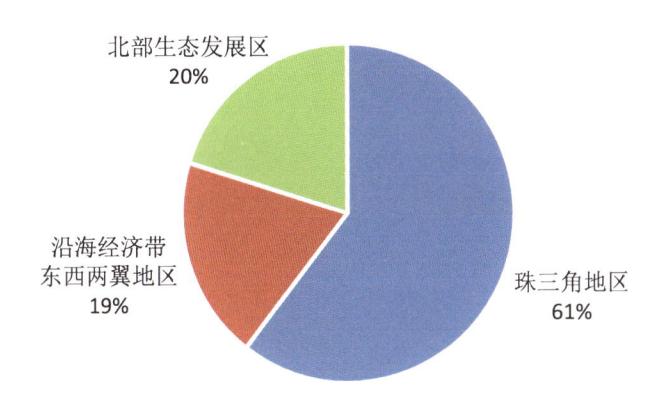

图 2-7　2020 年广东省博物馆数量在各区域的分布占比

疫情防控常态下多措并举有序推进展陈工作。受新冠肺炎疫情影响，2020 年广东省各级博物馆观众数量和临时展览陈列数量均明显下滑。各地博物馆积极探索馆藏资源和展览的线上线下共享模式，不断提高馆藏资源利用率，制作推出一批线上线下相结合的博物馆精品展览项目和社会教育活动，社会服务职能得到加强。2020 年上线的微信小程序"博物官——广东文博智慧导览"为用户提供 100 家线上博物馆服务，开放多个博物馆的 3D 精品文物及全景展厅浏览。2020 年，广东省各地博物馆线上线下社会教育活动参与人数达 1.06 亿人次，其中，未成年观众数占观众总数的近四分之一，博物馆成为观众和青少年的"第二课堂"。特别是革命类博物馆形成了一股打卡热潮，2020 年，全省 40 家革命纪念类博物馆共接待观众 425.63 万人次，占全省博物馆观众总数的 16.28%。广东省还积极组织利用流动博物馆，在全省基层各地和偏远山区巡展，2020 年，广东省流动博物馆共实施成员单位展览 210 场次，参观人数超

60万人次，累计参观人数已超过3000万人次。

博物馆文创开发取得新成绩。近年来，广东省各级博物馆在打造广东文创品牌方面取得明显的社会效益和经济效益。2020年，广东省已有约半数博物馆开展了文创产品开发工作，共开发文创产品2089项，实现文创产品收入3323.38万元，文创产品收入超过100万元的博物馆有5家。其中，西汉南越王博物馆以错金铭文铜虎节为原型设计的"虎小将"系列文创产品获2020年中国旅游商品大赛金奖；祖庙博物馆以佛山武术和醒狮文化为创意推出的音乐宫灯系列入选2020年全国百佳文化创意产品；广东民间工艺博物馆采取"授权开发、委托经营"的方式与企业开展合作，全年共销售文创产品超过16万件，销售额达695万元。

第三章
广东省版权产业的地域分布情况

从地域分布来看，广东省版权产业特别是核心版权产业主要集中在广州和深圳，两市在软件、新闻出版、影视、文化演艺、动漫游戏、设计、广告、电子信息制造等行业占据全省较大份额。珠三角地区其他城市形成了相关制造业集群，特别是纺织服装、家具、陶瓷、电子信息制造、灯饰等行业已经成为当地的支柱产业。粤东西北地区虽然也有一些特色版权产业，但与珠三角地区相比仍有较大提升空间。

2019年，广东省委、省政府印发《关于构建"一核一带一区"区域发展新格局促进全省区域协调发展的意见》，提出以功能区战略定位为引领，加快构建形成由珠三角地区、沿海经济带、北部生态发展区构成的"一核一带一区"区域发展新格局，提升区域协调发展水平。在这一政策的引领下，广东省版权产业区域协调发展初见成效。

一、一核：珠三角地区

珠三角地区是引领全省发展的核心区和主引擎，即"一核"，包括广州、深圳、珠海、佛山、惠州、东莞、中山、江门、肇庆9市。珠三角地区经济实力发达，版权产业发展水平明显高于省内其他地区，不仅拥有广州和深圳"双核"，两市版权产业特别是核心版权产业成为重要的支柱性产业，引领全省乃至全国发展；还形成了众多全国知名的制造产业集群，如东莞的电子信息、纺织服装、家具，佛山的陶瓷、家具、纺织服装，惠州的电子信息、服装，中山的灯具、服装、游艺设备制造等，在地区经济发展中发挥了重要作用。这些城市近年来也开始大力发展核心版权产业，虽然已取得一定成绩，但整体上仍有提升的空间。

（一）广州、深圳"双核"驱动

广州和深圳是全省经济实力最强的两个城市，在广东省版权产业发展中的"双核"驱动地位十分明显，版权产业发展水平领先全省，特别是新闻出版、广播影视、文化艺术、软件、游戏电竞、动漫、设计、广告、高端电子信息制造等行业不仅占据全省较大份额，在全国也有广泛影响力。例如，2020年，两市作为中国软件名城，软件业务收入占到全省的94.4%；作为全国重要的游戏制作基地，游戏营收占到全省的98%以上；长期位居全国电影票房前五位，电影票房占到全省的53.43%；博物馆数量众多，合计占到全省的33.81%；出版单位、影视制作机构、文艺演出单位、动漫公司、广告与设计企业也主要集中在广州和深圳。

1. 广州

广州作为省会，具有较高的政治、经济、文化、科技资源优势，版权产业发展水平领先。据统计，广州市版权产业行业增加值占 GDP 比重超过 9.8%，高于全省和全国数据。

广州市版权产业主要集中在新闻出版、广播影视等核心版权产业。广东省出版集团、南方报业传媒集团、广州日报报业集团、羊城晚报报业集团、广东广播电视台等全省大型新闻出版单位、广播影视制作播出机构、文化演艺场馆等都位于广州，并培育了奥飞娱乐、原创动力、咏声动漫、漫友文化、网易、多益网络、酷狗音乐、佳都、北明等在动漫、游戏、软件等新兴行业领域具有全国影响力的版权龙头企业。

此外，广州市非核心版权产业中的定制家居、珠宝等制造业也有较强实力。在定制家居方面，广州市被誉为"中国定制家居之都"和"中国定制家居产业的发源地"，欧派家居、索菲亚、尚品宅配、好莱客企业引领全国发展；番禺、荔湾、从化、花都等地形成互补联动的珠宝产业集群，成为全球最完善的珠宝首饰加工制造、批发零售特色产业基地之一。

近年来，广州市加快实现"老城市新活力"和"四个出新出彩"，提出打造全球文化创意设计之城、世界显示之都、动漫游戏产业之都等目标，不仅推动粤剧、传统手工艺等传统文化推陈出新，还促进传统产业的转型升级和新兴产业的快速发展。例如，广州轻纺交易园通过鼓励设计和创新，吸引近 3000 名服装设计师进驻，常年举办上百场时装展示、新品发布、行业论坛等活动，逐渐从传统服装交易市场转变为高端集约化的时尚服装展示贸易平台，成为全市专业市场转型升级的示范性标杆项目；在超高清新型显示产业方面，广州市出台相关扶持政策，建成全国第一个"超高清视频创新产业示范园区"，并引进了多个重点显示项目，实现了从显示面板、前端拍摄、内容制作、内容播出到终端产品、行业应用的超高清全产业链条。

2. 深圳

深圳作为中国特色社会主义先行示范区和国家创新型城市，在创意设计、动漫游戏、软件技术、高端印刷、珠宝首饰等新兴行业具有较强的竞争优势，成为版权产业发展的重要增长点。

在设计方面，深圳是中国的设计重镇和现代设计的核心城市之一，被联合国教科文组织认定为中国第一个、全球第六个"设计之都"，其中，工业设计占据全国约70%的市场份额[①]。在软件产业方面，深圳市软件业务收入多年来稳居全国大中城市前列；根据《2019年中国软件和信息技术服务业综合发展指数报告》，深圳市软件产业综合发展指数位居全国重点城市首位；华为技术有限公司连续多年稳居中国软件业务收入前百家企业之首。在动漫游戏方面，以腾讯、华强等为代表的企业在国内市场具有较强的市场竞争力，特别是腾讯作为全

---

① 深圳市设计产业数据来源于《深圳设计之都报告2015-2016》http://shenzhendesign.org/html/survey.html。

球规模最大的游戏研发和发行平台，多年来一直位居全球游戏公司利润排行榜之首，拥有《英雄联盟》《王者荣耀》《和平精英》等多款超人气游戏产品。

深圳市版权产业在制造领域也具有较强实力。其中，在电子信息制造方面，深圳市规模以上电子信息制造业工业总产值约占全国的六分之一，拥有华为、比亚迪、中兴通讯等龙头企业，在智能手机、新型显示、人工智能设备、无人机等领域优势明显。在珠宝制造领域，涵盖设计研发、生产制造、展示交易、品牌推广、检验检测等各个环节，成为全国珠宝首饰制造交易中心、物料采购中心和信息交流中心。深圳也是我国重要的时装设计制造和品牌基地，引领国内女装时代潮流发展，并在国际时尚舞台崭露头角。

（二）其他城市形成实力强劲的制造业集群

珠海、佛山、惠州、东莞、中山、江门、肇庆等珠三角其他城市作为粤港澳大湾区的重要节点城市，充分发挥自身优势，形成了一些具有地方特点的版权产业制造集群和专业镇街。以下对部分城市的重点行业进行简要介绍。

1. 惠州：电子信息

惠州市版权产业以电子信息产业为主，已形成超高清视频显示、5G及智能终端、智能网联汽车等主导产业。2020年，惠州市规模以上电子信息及相关企业超过700家，完成总产值近 3900 亿元，规模居广东省第三位[①]。惠州制造的液晶电视机、车载导航等产品的产量、市场份额位居全国乃至世界前列，拥有 TCL、德赛、比亚迪、华阳、联想、龙旗、伯恩等一批超高清显示终端应用骨干企业，11 家惠州电子信息企业入围 2020 年广东省电子信息制造业综合实力 100 强榜单。

2. 东莞：电子信息、纺织服装鞋帽、家具

东莞市版权产业主要包括印刷、电子信息制造、纺织服装鞋帽、家具、玩具等行业。

（1）电子信息。电子信息制造业是东莞市的四大战略性支柱产业之一，电子信息制造企业几乎遍布全市 30 多个镇街，其中，石龙镇被评为"国家电子信息产业基地"。东莞市积极承接深圳市电子信息产业转移，成为华为、vivo、OPPO 三大智能手机的生产基地，并孕育出数以万计的手机零配件生产企业，有"全球每四部手机就有一部来自东莞"之说。

（2）纺织服装鞋帽。纺织服装鞋帽制造业是东莞市四大战略性支柱产业之一，形成大朗毛织、虎门服装、厚街鞋业三大产业带，其中，大朗被称为中国羊毛衫名镇，虎门被称为中国女装名镇和中国童装名镇。2020 年，东莞市纺织服装鞋帽制造业实现规上工业增加值 251.6 亿元，占全省的 16.5%[②]。

---

① 读创.惠州加速打造具有世界级竞争力电子信息产业基地.https://baijiahao.baidu.com/s?id=1712229504616644199&wfr=spider&for=pc.
② 21 世纪经济报道.转型十年：东莞纺织服帽产业再出发.http://www.21jingji.com/article/20210923/herald/10c90110e55b51f59384d755e3d58353.html.

（3）家具。家具制造业是东莞市的优势特色产业之一，东莞已经成为珠三角家具产业中三大产业基地之一、广东最大的家具出口地，也是亚太地区最具规模的国际性家具外销生产基地。东莞市家具产业主要集聚在厚街、大岭山等地。其中，厚街镇是"展贸合一"的家具重镇，形成集家具制造、家具材料供应、名家具展"三位一体"的产业链；大岭山镇则以家具出口为主，被授予"中国家具出口第一镇""中国家具出口重镇"的荣誉称号。

3.佛山：建筑陶瓷、纺织服装、家具

佛山市版权产业中的陶瓷、纺织服装、家具等行业是全市重点打造的两大超万亿元核心产业集群之一——泛家居产业的重要组成部分，其产业规模位居全国前列，"佛山制造"成为享誉全国的知名品牌。

（1）建筑陶瓷。佛山是全国乃至全球最大的建筑卫生陶瓷生产、出口基地，拥有"中国建筑卫生陶瓷特色产业基地""中国建筑卫生陶瓷出口基地""中国陶瓷名都"等多个国家级称号，陶瓷年产值占全国的30%以上，出口量占全国的70%以上[1]。蒙娜丽莎、新明珠、新中源、东鹏、鹰牌、欧神诺等骨干陶瓷企业的技术研发能力行业领先，成功研发出了世界首款大理石瓷砖和国内第一块彩釉砖、水晶砖、抛光砖、大规格陶瓷薄板等创新产品。

---

[1] 陶瓷网.2017年佛山陶瓷砖行业发展报告.https://www.chinaceram.cn/news/201712/26/72533_all.html.

（2）纺织服装。佛山也是广东省乃至全国重要的纺织服装生产基地。2019年，佛山市纺织服装产业实现增加值305.8亿元，占广东省的23.9%[①]。佛山市形成了张槎街道（中国针织名镇）、祖庙街道（中国童装名镇）、西樵镇（中国面料名镇）、大沥镇盐步（中国内衣名镇）、均安镇（中国牛仔服装名镇）等纺织服装产业集群。其中，佛山市童装产值占全国的1/3；张槎的针织面料产量和交易量约占全国的1/3，棉纱交易量约占中国的1/4；西樵的面料在国内市场占有率达18%；盐步的相关内衣产品在国内销售占比高达32%。

（3）家具。佛山是全国产业链最完整、品类最丰富、企业数量最多的家具产业集聚区，全市家具产业增加值约占全省的四分之一[②]，占国内家具市场销售份额的20%[③]，联邦家私、维尚家具、林氏木业等成为全国定制家具龙头企业。其中，顺德区是全国乃至全球最大的家具制造及商贸专业市场之一；龙江镇是"中国家具设计与制造重镇""中国家具材料之都""中国家具电子商务之都"；乐从镇家具产业以商贸为主，被授予"中国家居商贸与创新之都"，家具销量占到广东省家具产品出口总额的50%[④]。

---

①② 数据来源：佛山市工业和信息化局。
③ 中国产业经济信息网.市场下行，行业遇冷，佛山家具却找到第二次腾飞的突破口.http://www.cinic.org.cn/zgzz/qy/650610.html.
④ 中国家具协会.中国家居商贸与创新之都·乐从.https://www.cnfa.com.cn/aboutdetail2s3.html?lid=3.

4. 中山：灯饰、游戏游艺、红木家具

中山市版权产业以镇域经济为特点，形成了灯饰、游戏游艺、家具等特色产业集群。

（1）灯饰。中山市古镇镇有"中国灯饰之都"的称号，灯饰产业是当地的龙头行业和经济支柱，形成了以古镇镇为中心、覆盖周边3市11镇区、年产值超千亿元的灯饰产业集群，是国内最大的灯饰专业生产基地和批发市场，占据国内灯饰市场份额的七成。古镇镇的灯饰产品不仅畅销全国，还出口到东南亚、日本、美国、欧洲等130多个国家和地区，成为世界性灯饰专业市场之一。

（2）游戏游艺。中山也是中国游戏游艺产业的发源地之一，行业生产水平、生产规模、市场占有率、出口值等都处于国内领先水平，是全国最大的游戏游艺生产基地和集散地，培养出金马、金龙、世宇、智乐等龙头企业，生产出一批拥有自主知识产权的游戏游艺设备，获得"广东动漫游戏游艺产业集群（中山基地）""广东省火炬计划游戏游艺特色产业基地（中山）""广东省版权兴业示范基地"等称号。中山市游艺机产量占全国50%以上，出口量占全国70%以上[1]。

（3）红木家具。中山市家具产业以镇为单位发展特色产品品类，包括大涌镇及沙溪镇的红木家具，东升镇、港口镇的办公家具，三乡镇的明清古旧家具，板芙镇的欧式美式仿古家

---

[1] 数据参见《南方日报》http://zs.southcn.com/content/2017-08/11/content_175929129.htm。

具等四大特色产业。特别是大涌镇被誉为"中国红木家具生产专业镇""中国红木雕刻艺术之乡""全国最大的红木家具生产基地",生产的红木家具闻名海内外。

二、一带:沿海经济带

沿海经济带(即"一带")是新时代全省发展的主战场,包括珠三角沿海7市和东西两翼地区7市。其中,东翼以汕头市为中心,包括汕头、汕尾、揭阳、潮州4市;西翼以湛江市为中心,包括湛江、茂名、阳江3市。《关于构建"一核一带一区"区域发展新格局促进全省区域协调发展的意见》提出,推动重大产业、战略性新兴产业布局到东西两翼沿海地区,把东西两翼地区打造成全省新的增长极,与珠三角沿海地区串珠成链,共同打造世界级沿海经济带。

整体来看,东西两翼地区的一些城市版权产业有一定基础,也有一些特色行业,如汕头市的玩具产业、湛江市的羽绒产业、潮州市的陶瓷和婚纱晚礼服产业等,这些行业既是当地的特色优势产业,在全国也具有较强的竞争力。近年来,珠三角加大对东西两翼地区产业转移的推进力度,带动当地数字经济、新一代信息技术等新兴产业逐步发展,为版权产业发展注入新活力。例如,深汕合作区作为全国首个特别合作区,通过布局大数据、电子产品制造等新兴产业,推动腾讯华南最大的云计算数据中心等产业项目落户,带动汕尾市逐渐融入粤港澳大湾区和沿海经济带。但东西两翼地区版权产业仍主要集中在传统行业，新行业新业态有待发展。

（一）汕头：纺织服装、玩具

汕头市版权产业主要以纺织服装和玩具为主，这两个行业既是四大传统优势产业之一，也是近年来重点打造的"三新两特一大"产业布局中的两个特色产业，不仅在地区经济发展中贡献显著，在全国也具有较大影响力。

1. 纺织服装

纺织服装是汕头市特色支柱产业，也是目前全市总产值最高、产业链配套齐全的工业门类。2020年，汕头市纺织服装规上工业产值998.61亿元，占全市规上工业总产值的32.2%[1]。汕头市纺织服装产业主要以家居服装、针织内衣和工艺毛衫为主，是全国最具影响力的内衣生产基地，内衣家居服产量约占全国45%，内衣家居服名牌数量位居全国同行业第一，名牌产品占全国75%以上[2]。汕头市纺织服装产业主要集中在潮南区和潮阳区等地。潮南区是全国家居服装、内衣和内衣面辅料及其配件原产地之一，全国40%的女性内衣和35%的面辅料产品都由潮南制造，下辖峡山街道是"中国家居服装名镇"，辖

---

[1] 汕头市发展和改革局.2020年汕头市产业发展情况.https://www.shantou.gov.cn/stsfgj/gkmlpt/content/1/1872/post_1872958.html#3302.

[2] 汕头政务发布.展位预定已超90%，首届中国·潮汕国际纺织服装博览会火热筹备中.https://mp.weixin.qq.com/s/GeptCmy0GhwJe14JwXw1Cw.

区内广东洪兴实业股份有限公司是中国家居服行业领军企业和"中国家居服第一股",连续多年获得平台电商家居服行业品牌榜销售首位[①]。潮阳区谷饶镇是"中国针织内衣名镇",年产文胸约 20.4 亿件,内裤约 17.4 亿件,内衣等家居服系列约 2.86 亿件及各类针织布、经编布、花边、刺绣品 10 亿多米[②]。

2. 玩具

汕头是中外闻名的玩具礼品生产出口基地,玩具产业具有集聚度高、品类齐全、配套完善等特点,形成上游 IP 创意、授权、产品研发设计、原材料供应,中游玩具生产制造,下游贸易及零售的完整产业链。2020 年,汕头市玩具规上工业产值为 199.87 亿元,占全市规上工业总产值的 6.5%[③]。汕头拥有广东邦宝益智、奥飞娱乐、星辉娱乐等一批玩具龙头企业,在电子电动、遥控车和飞机、智能机器人等高科技玩具领域优势突出,全国 7 家玩具上市企业中有 6 家来自汕头[④]。汕头市玩具产业主要集中在澄海区,澄海区先后荣获"中国玩具礼品之都""国家级出口玩具质量安全示范区"和"全国产业集群区域品牌建设玩具产业试点地区"等称号,有"世界玩具看中国,

---

① 汕头日报. 汕头纺织服装 传统特色产业生机勃发. http://strb.strtv.cn/content/202203/21/c116989.htm.

② 南方日报. 百年风华 奋进汕头 | 潮阳区谷饶镇:蝶变升级,做强针织内衣产业. http://static.nfapp.southcn.com/content/202106/30/c5479972.html?specialTopicId=5452032.

③ 汕头市发展和改革局. 2020 年汕头市产业发展情况. https://www.shantou.gov.cn/stsfgj/gkmlpt/content/1/1872/post_1872958.html#3302.

④ http://www.fx361.com/page/2019/0528/5156104.shtml

中国玩具看广东，广东玩具看澄海"之说。近年来，澄海玩具产业与文化动漫创意融合进程加快，并通过电商、直播带货等渠道开拓国内外市场，逐渐向高端化方向发展。

（二）潮州：陶瓷、婚纱晚礼服

潮州市版权产业以陶瓷和婚纱晚礼服为主，这两个行业既是当地特色产业，也在弘扬特色地域文化方面发挥了积极作用。

1. 陶瓷

潮州是我国历史悠久的重要陶瓷产区，有"中国瓷都"之美誉，陶瓷产业是当地第一大支柱产业，形成了涵盖日用艺术陶瓷、卫生陶瓷、工业陶瓷等门类丰富、品种齐全的陶瓷产业体系，日用陶瓷、艺术陶瓷、卫生陶瓷年产销量分别约占全国的25%、25%和40%，出口量分别约占全国的30%、40%和55%，均居全国首位[1]，是我国和全世界最大的卫生陶瓷产业集群。2020年，潮州市共有陶瓷生产企业6535家，工业产值超过500亿元[2]。潮州市在陶瓷"智造"领域也有一定基础，潮州三环集团是全国首家实现陶瓷后盖市场化应用的企业，光通信用陶瓷插芯、电阻器用陶瓷基体、氧化铝陶瓷基板产销量分别占全球70%、55%、50%以上，居全球首位，被工信部授

---

[1] 南方新闻网. 奋力打造沿海经济带上的特色精品城市. https://baijiahao.baidu.com/s?id=1655668430559692322&wfr=spider&for=pc.

[2] 潮州日报. 牢记嘱托 勇担使命 起而行之 推动实现"四个打造"奋斗目标. http://www.chaozhoudaily.com/czrb/html/2022-01/11/content_1898222.htm.

予"中国制造业单项冠军示范企业"称号；恒洁卫浴建成国内首条整工序喷釉、多机器人协作、智能机器人喷釉生产线。

2.婚纱晚礼服

潮州是国内外最大的婚纱、礼服生产集聚地和出口基地，被评为"中国婚纱礼服名城"，成为获此殊荣的国内婚纱礼服产业类唯一城市。潮州市现有婚纱礼服企业500多家，拥有名瑞、金潮、璐卡思、国色等一批在国内外影响较大龙头骨干企业。潮州婚纱晚礼服擅长将潮绣、钉珠等传统工艺与现代设计完美结合起来，兼具时尚流行与传统气质，成为其独特的产业竞争优势。潮州市婚纱礼服产业的外向型特色鲜明，出口比重大，产品主要销往美国、加拿大、澳大利亚、俄罗斯和东南亚以及中东等20多个国家和地区。

（三）湛江：羽绒

湛江市版权产业以羽绒为主，羽绒产业是当地的传统特色支柱产业，湛江是全国知名羽绒交易地和集散地。湛江市羽绒产业主要集中在吴川市。吴川被中国轻工业联合会、中国羽绒工业协会授予"中国羽绒之乡"，是全国三大羽绒生产基地之一、全国最大的白鸭和羽绒集散地和广东省羽绒特色产业基地、广东省羽绒产业集群升级示范区，形成了鸭鹅养殖、绒毛加工、羽绒制品生产、销售等成熟完善的产业链条。目前，吴川市有羽绒加工企业 120 余家，年产值约 45 亿元[①]。近年来，湛江市还积极承接珠三角大数据产业，重点建设粤西数谷大数据产业园，在 5G、大数据、工业互联网、人工智能等新一代信息技术产业发展方面取得新进展。

三、一区：北部生态发展区

北部生态发展区包括韶关、梅州、清远、河源、云浮 5 市，是全省重要的生态屏障。该区域部分地区也有一些版权特色产业，如梅州市丰顺县是中国电声器件的三大产业基地之一，被称为"广东电声之都"和中国电声出口基地，生产的多媒体音响产品远销 120 多个国家和地区，产品供应三星、华为等 50 多个国内外知名品牌。近年来，北部生态发展区积极承接珠三角产业转移，不断发展数字经济等版权新业态。例如，云浮市积极发展大数据产业，吸引"IT巨头"华为云服务数据中心的进驻；清远市通过与广州建设广清产业园，引进智能家居、电子信息等高端产业，吸引了志邦家居、欧派等企业入驻。但整体上看，该地区版权产业发展水平比较滞后，没有形成较大的产业集群。

[①] 湛江日报.为湛江羽绒行业发展添动力.http://paper.gdzjdaily.com.cn/html/2019-05/10/content_182333_1076715.htm.

第四章

广东省版权产业发展的综合分析

一、总体特点

2020年，面对严峻复杂的国内外环境特别是新冠肺炎疫情的严重冲击，广东省委、省政府坚持稳中求进工作总基调，科学统筹疫情防控和经济社会发展，扎实做好"六稳""六保"。在省委、省政府的坚强领导和政策支持下，广东省版权产业实现平稳健康发展，经济总量跃上新台阶，在全省中的支撑作用更加显著，在促进经济发展、做好疫情防控、履行社会责任方面取得显著成绩，呈现以下主要特点。

（一）积极推进复工复产，版权产业经济总量跃上新台阶

2020年，为应对新冠肺炎疫情带来的严峻挑战，广东省及时出台"双统筹30条""复工复产20条"等系列政策，分批分级、科学有序推进复工复产复商复市，版权产业各行业主管部门也推出各项助企纾困措施，提升管理服务水平，推动全省版权产业加速实现复苏。例如，广东省新闻出版局切实加快属

地管理类网络游戏审核通过速度，最大限度地激发游戏产业活力；广东省电影局积极推动房租减免政策，启动"5元观影活动"，有效带动电影消费市场回暖；有关部门推动乐金OLED、超视堺8K、TCL华星t7等全省重点项目相继实现投产量产出货，带动电子信息产业平稳复苏。

在各项扶持政策的带动下，2020年，广东省版权产业经济总量跃上新台阶，行业增加值已达9735.10亿元人民币，比2018年增长14.90%；版权产业占全省GDP的比重为8.79%，比2018年提高0.08个百分点。2014年至2020年期间，广东省版权产业增加值增长71.06%，年均增长率为9.36%，高于同期全省GDP0.84个百分点，版权产业增加值占全省GDP的比重提高0.40个百分点，版权产业对全省经济增长的贡献日益明显。

广东省版权产业在加快复工复产的同时，主动响应党和国家的号召，通过各种措施稳定就业岗位，2020年，广东省版权产业的就业人数为609.50万人，比2018年增长12.68%，版权产业占全省就业人数的8.66%，比2018年提高0.35个百分点，为"稳就业"发挥了积极作用。如表4-1、图4-1所示。

2020年广东省版权产业的经济贡献

表4-1 2014和2020年广东省版权产业的主要数据对比

年度	行业增加值 数值（亿元人民币）	比重	就业人数 数值（万人）	比重	商品出口额 数值（亿美元）	比重
2014	5691.14	8.39%	461.18	7.46%	891.51	13.80%
2020	9735.10	8.79%	609.50	8.66%	1017.22	16.19%

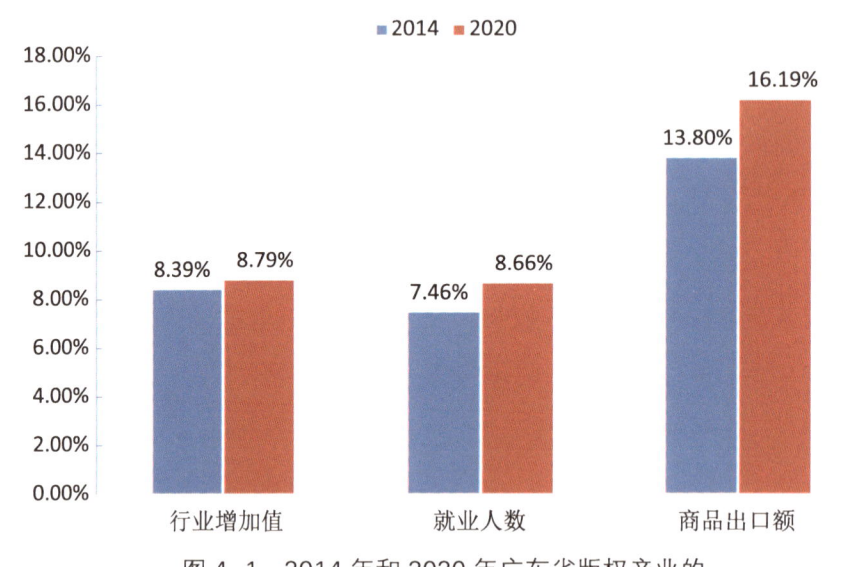

图4-1 2014年和2020年广东省版权产业的
行业增加值、就业人数和商品出口额占全省比重的比较

此外，广东省版权产业还积极履行社会责任，在传播健康防疫知识、满足居家学习需要和提供优质精神文化产品等方面发挥了积极作用。在舆论宣传方面，广东广播电视台迅速推出《疫情防控特别报道》《广东医生驰援日记》《抗疫英雄说》等多个系列报道，及时刊播新闻评论，为维护社会稳定提

· 72 ·

供舆论支持；虎牙直播在疫情期间协助新华社、央视新闻、人民视频等多家主流媒体搭建"共同战疫"专题页，提升官方渠道信息发布效率。在防疫知识普及方面，2020年1月23日广东科技出版社第一时间出版了全国首本抗击新冠肺炎疫情的图书——《新型冠状病毒感染防护》，打响了宣传防疫知识图书出版的第一枪；三七互娱推出"消毒大作战"小游戏，用游戏的方式向公众宣传清洁消毒知识和防疫工作。在保障居家学习方面，《广州日报》与教育部门联合打造线上"广州电视课堂"，为疫情期间居家学习的中小学生提供了稳定方便的线上学习平台；虎牙直播于2020年2月6日新上线"虎牙一起学"，为教育机构提供免费的线上直播教育的平台。

（二）大力发展战略性产业集群，版权产业发展全国领先

广东省版权产业经济贡献长期保持全国领先地位，不仅在软件、新闻出版、影视、游戏电竞、动漫、广告、设计等核心版权产业具有较强实力，电子信息制造、纺织服装、家具、陶瓷、玩具等非核心版权产业也有很大优势。2020年，广东省版权产业增加值占GDP的8.79%，高于全国版权产业比重1.40个百分点，全省新闻出版产业总体经济规模、电影票房收入、游戏电竞产业规模、电子信息制造业营收、服装产量等继续位居全国之首，软件业务收入位居全国第二。

2020年，广东省印发了《关于培育发展战略性支柱产业

集群和战略性新兴产业集群的意见》，重点培育 10 个战略性支柱产业集群和 10 个战略性新兴产业集群，将其作为广东经济发展的重要支撑和驱动力量。在这 20 个战略性产业集群中，新一代电子信息、智能家电、现代轻工纺织、软件与信息服务、超高清视频显示、半导体与集成电路、数字创意 7 个产业集群与版权产业高度相关，是广东省版权产业发展的中坚力量。这些产业集群既包括广东省版权产业中的传统领域，如纺织服装、家具、陶瓷、玩具等；也包括新兴领域，如软件、超高清视频显示、数字创意等。2020 年，广东省各有关部门相继制定出台了各产业集群的专项行动计划，通过加强顶层设计，继续巩固产业优势，进一步强化其领先地位，实现产业的提质增效。

在传统行业，国内制造成本攀升、国际市场贸易危机、新冠肺炎疫情等不利因素倒逼制造业不断实施智能化数字化改造，实现生产营销方式的转型升级。在智能化生产方面，以欧派、尚品宅配、维尚等为代表的家居企业，形成了个性化定制、在线协同设计与大规模智能化生产的融合模式，在定制家居方面走在全国前列。在营销方式方面，随着电商、直播带货等新兴消费形式大幅增长，广东省玩具、家居、服装等企业不断通过线上方式开拓国内市场。2020 年，广东省玩具电商平台销售快速增长，玩具网上销售的占比已超过 40%；粤产科技数码产品、广州女装、汕头内衣、佛山家居等在 2020 年天猫 618 消费季期间通过直播迎来销量的爆发式增长；中国国际漫博会、广东时装周等行业展会采用线上线下相结合的方式如期举行，为企业提供展示交易活动平台。

在新兴行业，随着广东省扶持政策力度的加大，软件和信息技术服务、超高清视频显示、数字创意等新兴行业发展取得显著成效，成为版权产业和全省经济增长的重要支撑力量。2020年，全省实现软件业务收入13630亿元，同比增长14.8%，增速高于全国平均水平，位居全国第二；超高清视频显示产业营业收入达6000亿元，同比增长23.13%，创近年新高；游戏营收规模2132.1亿元，同比增长21.5%，电竞产业收入1197.6亿元，同比增长29.5%，产业规模均占到全国七成以上。详见图4-2。

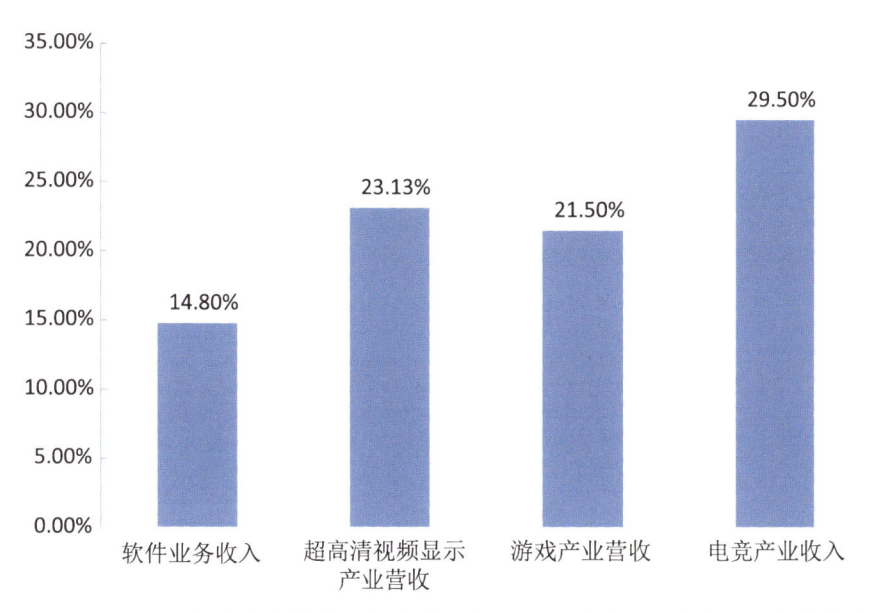

图4-2 2020年广东省软件、超高清视频显示、游戏、电竞产业的营收增速

（三）版权产业外贸出口贡献显著，视听设备占比最大

广东省作为我国外贸第一大省，近年来受到国际贸易摩擦冲击影响较大，特别是 2020 年，全球疫情蔓延为版权产业外贸出口带来严峻挑战，出口规模有所下滑。但在稳外贸政策"组合拳"的扶持下，广东企业对全球市场需求快速响应，2020 年广东省版权产业的商品出口额仍超过 1000 亿美元，达 1017.22 亿美元，在全省出口总额中的比重超过 16%；广东省版权产业商品出口额占到全国版权产业的 26%，商品出口额比重高于全国版权产业比重 1.18 个百分点。如图 4-3 所示。

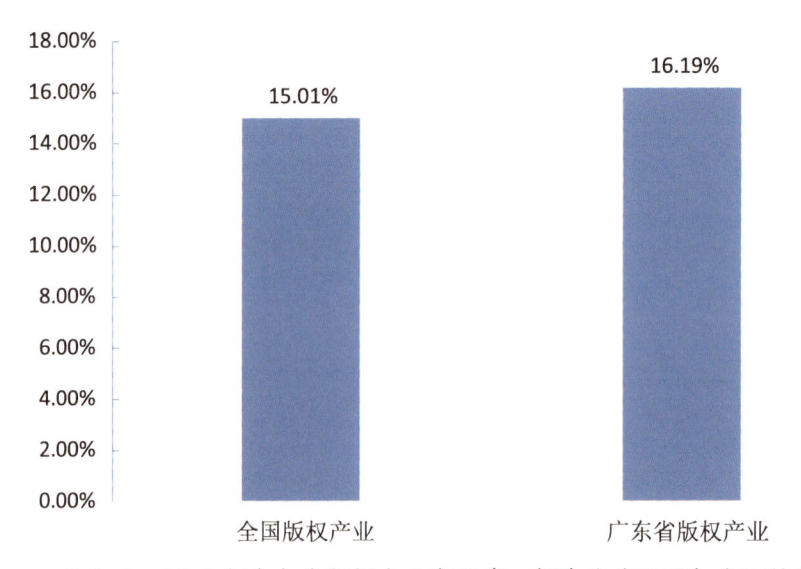

图 4-3 2020 年广东省版权产业商品出口额占全省比重与全国的比较

以电视机、智能手机、计算机等为代表的视听设备[①]对广东省版权产业出口的贡献最大。2020年，广东省电视机、智能手机、计算机等视听设备的商品出口额为864.87亿美元，占全部版权产业商品出口额的85%，占全省商品出口总额的13.77%，广东已成为全球重要的电子信息产业出口基地。以手机为例，广东省智能手机出货量约占全球的30%，全球出货量前七名的手机品牌就有3个在广东[②]。如图4-4所示。

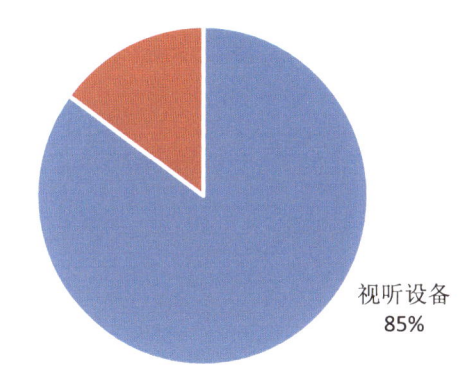

图4-4　2020年广东省版权产业商品出口额中视听设备的比重

（四）版权工作提质增效，为版权产业发展提供支持

近年来，广东省深入推进创新强省建设和文化强省建设，更加重视知识产权工作。2020年，广东省出台《关于强化知

---

① 视听设备主要对应相互依存的版权产业中的电视机、智能手机等类似设备和计算机及其设备两个产业组。
② 数据来源：广东年鉴编纂委员会编、广东年鉴社出版《广东年鉴2021》。

识产权保护的若干措施》，召开广东省知识产权保护大会，健全省知识产权战略实施工作联席会议机制，进一步明确了知识产权和版权工作的重点任务和主要措施。广东省版权局按照省委、省政府的工作部署，不断完善版权保护体系，强化版权创造和运用，提升版权管理和服务水平，为版权产业高质量发展提供了有力支撑。

作为广东省版权工作的重要组成部分，版权示范创建和版权兴业工程是推进全省版权产业发展的重要抓手。广东省积极支持各地申报评选国家和省级版权示范单位（基地）、版权兴业示范基地。2020年，广州酷狗计算机科技有限公司、广东可儿玩具有限公司、佛山市顺德区孔雀廊娱乐唱片有限公司、奥飞娱乐股份有限公司4家单位被评为全国版权示范单位，金蝶软件园被评为全国版权示范园区（基地），并有10家单位被评为广东省版权兴业示范基地，20个作品被评为广东省最具价值版权作品。这些版权示范单位和基地作为相关领域的骨干企业，成为行业创新发展的典范，在地区版权产业发展和产业转型升级中发挥了重要的引领示范作用。

例如，佛山市以创建全国版权示范城市为契机，不断强化版权工作在促进创新发展中的重要作用，有力推进版权示范创建工作开展，培育了全国版权示范园区1个、全国版权示范单位2个、广东省版权兴业示范基地8个、省最具价值版权作品7个，省级以上版权示范数量居全省地市前列。这些单位中包括孔雀廊唱片、蒙娜丽莎、东鹏、可儿玩具、广东工业设计城等一批版权明星企业和园区，在推动佛山传统制造业转型中发挥了积极作用。佛山市版权局也获得国家版权局和世界知识产权组织共同评选的"2020年中国版权金奖"保护奖，佛山市版权示范创建经验也成为我国制造业城市版权工作的实践范本。

二、存在问题

本次调研发现，广东省版权产业既具有发展基础和优势，也面临一些新旧矛盾挑战，主要有以下几方面的问题。

（一）新兴产业技术创新水平有待提高

以电子信息制造、软件、超高清视频等为代表的广东省新兴产业规模大、综合实力强，5G手机、4K电视机、计算机整机等产品产量均位居全国前列，但同时也面临着核心技术创新能力不足的问题。广东省新兴产业的部分关键零部件、关键原材料和核心技术受制于人，与发达国家相比存在较大差距，"缺芯少核"、关键领域"卡脖子"等问题比较突出，部分领域仍处于产品价值链中低端。例如，广东省软件产业在基础软件、工业软件等领域缺乏自主可控的核心技术，自主软件产品少、更新迭代慢、市场占有率低；在超高清视频显示产业，广东省在4K前端摄录等关键设备方面依赖进口，对外依赖程度高。

（二）现代轻工纺织产业转型升级有待加快

广东省现代轻工纺织产业基础较好，形成了一批特色产业集群，成为全球重要的生产基地之一，服装、皮具、家具、陶瓷、珠宝首饰、玩具等产品在全国乃至世界也具有较大的规模优势。但广东省现代轻工纺织产业近年来受要素成本持续上涨、节能减排压力大、贸易壁垒增多、新冠肺炎疫情等不利因素的影响，很多企业存在规模小、品牌知名度不高、创新能力不强等问题，传统的产品生产和营销模式已经不能更好满足当前消费升级的需求，迫切需要在个性化定制、柔性生产等方面实现生产方式和商业模式创新，产业向数字化、智能化转型升级有待进一步加快。

（三）核心版权产业内容原创能力有待增强

广东省核心版权产业规模和发展水平全国领先，新闻出版、游戏、动漫、电竞、数字音乐等行业优势明显，培育出一批行业龙头企业和优秀作品。但近年来广东省核心版权产业的内容原创能力不足，在文学、影视、动漫等领域缺乏国内外有影响力的新作品和新品牌，反映出广东省版权产业的原创生态有待完善，对优质原创资源特别是原创人才、复合人才的汇聚能力有待进一步增强。

(四) 版权产业区域协调发展有待优化

广东省近年来大力推动"一核一带一区"战略，在区域协调发展方面取得一定成绩，但版权产业仍主要集中在珠三角地区特别是广州和深圳，粤东西北地区版权产业在承接产业转移进展方面比较缓慢。例如，从电子信息产业来看，珠三角地区其他城市电子信息产业发展较快，但主要承接生产制造环节，在技术研发和高端制造等环节较弱；粤东西北地区整体发展水平仍落后于珠三角地区，亟待加快发展。

三、发展建议

"十四五"时期，广东省版权产业发展正处于重要的战略机遇期，结合本次调研情况，提出以下建议，供有关部门参考。

(一) 加强对全省版权产业的统筹协调

在省级层面，要强化宣传、网信、工信、文旅、广电、发改、科技、商务等部门对版权产业发展工作的协同性，及时解决版权产业发展遇到的重大问题，加快研究出台版权产业发展专项规划和配套政策，推动版权产业高质量发展。

省级有关主管部门也应加强与各市的沟通协调和帮扶指导，推进"一核一带一区"版权产业链协同发展，增强版权产业集群发展的整体性和协同性，进一步实施有针对性的区域支持政策，推动各城市功能定位与全省现代产业体系集群、版权产业格局实现协同匹配，规划建设一批特色版权产业集群和园区，加强对集群和园区的指导、服务和管理，引导各地版权产业集群实现分工合理、特色化、差异化发展，形成"双核多点"的版权产业发展格局。

（二）多措并举有效提升创新能力

针对短板与弱项，鼓励龙头企业、研发机构和高等院校加大对基础软件、工业软件、核心电子元器件、高端芯片、大数据、人工智能、区块链、工业互联网等关键核心技术的研发投入力度，支持企业设立研发、设计机构，着重解决"缺芯少核"问题，推动传统产品向高端化、智能化发展。

打造具有核心竞争力的企业集群，培育具有创新引领作用的龙头骨干企业和细分领域优势企业，积极引进具备核心技术、创新能力强、发展潜力大的龙头企业和重大项目，不断完善产业链条。

大力支持引进国内外一流的高端人才来广东创新创业，落实高层次人才相关优惠政策，加强省内电子信息技术、超高清视频、集成电路、设计等相关学科专业建设。

（三）加快产业转型升级步伐

加快推动版权产业融合创新发展，推动版权与生产制造、创意服务、文博、商贸会展等各领域融合发展，通过实现产品创新、模式创新和业态创新，提高产业附加值。

在生产制造领域，推动与互联网深度融合，开展数字化、网络化、智能化、绿色化改造转型，大力发展基于原创优质IP品牌的中高端衍生品制造。在创意服务领域，探索创意设计和工业设计服务企业新模式，提升版权创意企业的创新能力和市场应用能力，为全省制造业转型升级提供智力支撑。在文博领域，提升文化遗产资源的挖掘开发水平，打造文博IP品牌，推动文化遗产的版权价值转化。在商贸会展领域，鼓励举办云展会、云演出、云赛事等线上活动，推动向"线上数字经济+线下实体会展"融合转型。

（四）加大对原创内容的保护扶持力度

加大对原创内容的版权保护支持力度，建立健全版权登记保护和快速维权机制，严厉打击侵权盗版行为，规范原创内容的版权交易市场秩序。

打造超高清视频、动漫、游戏、影视等相关细分领域的版权集散交易平台，创建面向粤港澳大湾区、辐射全国的版权产业内容库，推动优秀版权的保护、交易、流通和利用，推动版权交易市场健康发展。

依托全国版权示范单位、园区（基地）、广东省版权兴业示范基地、广东省最具价值版权作品等评选活动，打造一批具有示范效用的产业园区、企业和知名品牌，在品牌培育、宣传培训、转型发展、人才引进、财税支持等方面给予支持和帮助，出台具体的优惠政策。

  建立鼓励有序竞争的政策环境，营造产业发展良好生态，加强对相关行业的内容审核把关，优化相关审批工作流程，强化企业社会责任建设，加强内容价值导向管理，充分发挥各类行业社会组织的职能，提升版权产业的社会效益。

附　录
调研方法概述

本项目按照世界通行的世界知识产权组织的方法，对2020年广东省版权产业的经济贡献进行量化测算，在版权产业的概念、范围、分类、测算指标与方法上均与世界知识产权组织出版的《版权产业的经济贡献调研指南》（以下简称WIPO《指南》）保持一致（广东省版权产业的具体分类详见附表1-4）。

一、版权产业的概念、范围与分类

根据世界知识产权组织的定义，版权产业是"版权可发挥显著作用的活动或产业"[1]。版权产业分为四类：核心版权产业、相互依存的版权产业、部分版权产业、非专用支持产业。（如附图1所示。）

---

[1] 世界知识产权组织.版权产业的经济贡献调研指南.北京：法律出版社，2006：132.

（一）核心版权产业

核心版权产业是完全从事作品及其他受保护客体的创作、制作和制造、表演、广播、传播和展览或销售和发行的产业，包括9个产业组：文字作品，音乐、戏剧制作、曲艺、舞蹈和杂技，电影和影带，广播和电视，摄影，软件和数据库，美术与建筑设计、图形和模型作品，广告服务，版权集体管理与服务[1]。

（二）相互依存的版权产业

相互依存的版权产业是从事制作、制造和销售其功能完全或主要是为作品及其他受版权保护客体的创作、制作和使用提供便利的设备的产业，包括以下7个产业组：电视机、智能手机、收音机、录像机、CD播放机、DVD播放机、磁带播放机、电子游戏设备以及其他类似设备，计算机和有关设备，乐器，照相和电影摄影器材，复印机，空白录音介质，纸张[2]。

---

[1] 世界知识产权组织.版权产业的经济贡献调研指南.北京：法律出版社，2006：42-45.本项目对世界知识产权组织的分类名称进行了部分调整，包括将"新闻和文学作品"改为"文字作品"，将"音乐、戏剧制作、歌剧"改为"音乐、戏剧制作、曲艺、舞蹈和杂技"，将"视觉和绘画艺术"改为"美术与建筑设计、图形和模型作品"，将"版权集体管理协会"改为"版权集体管理与服务"。

[2] 世界知识产权组织.版权产业的经济贡献调研指南.北京：法律出版社，2006：47-48.

（三）部分版权产业

部分版权产业是部分活动与作品或其他受版权保护客体相关的产业，包括10个产业组：服装、纺织品与制鞋，珠宝和硬币，其他手工艺品，家具，家庭用品、陶瓷和玻璃，墙纸与地毯，玩具与游戏用品，建筑、工程、调查，内部装修设计，博物馆[①]。

（四）非专用支持产业

非专用支持产业是部分活动与促进作品及其他版权保护客体的广播、传播、发行或销售相关且这些活动没有被纳入核心版权产业的产业。这些产业计量的是远离核心版权产业的溢出效果，它们的职能是版权产业与其他产业共享的。非专用支持产业包括3个产业组：一般批发和零售产业，一般运输产业，电话和互联网产业[②]。

除核心版权产业的经济贡献是100%计入之外，相互依存的版权产业、部分版权产业和非专用支持产业的经济贡献均需按照一定比例（WIPO《指南》称其为"版权因子"）分别计入，以便排除那些不能完全归入版权范畴的成分。

---

① 世界知识产权组织.版权产业的经济贡献调研指南.北京：法律出版社，2006：48-49.
② 世界知识产权组织.版权产业的经济贡献调研指南.北京：法律出版社，2006：50-51.

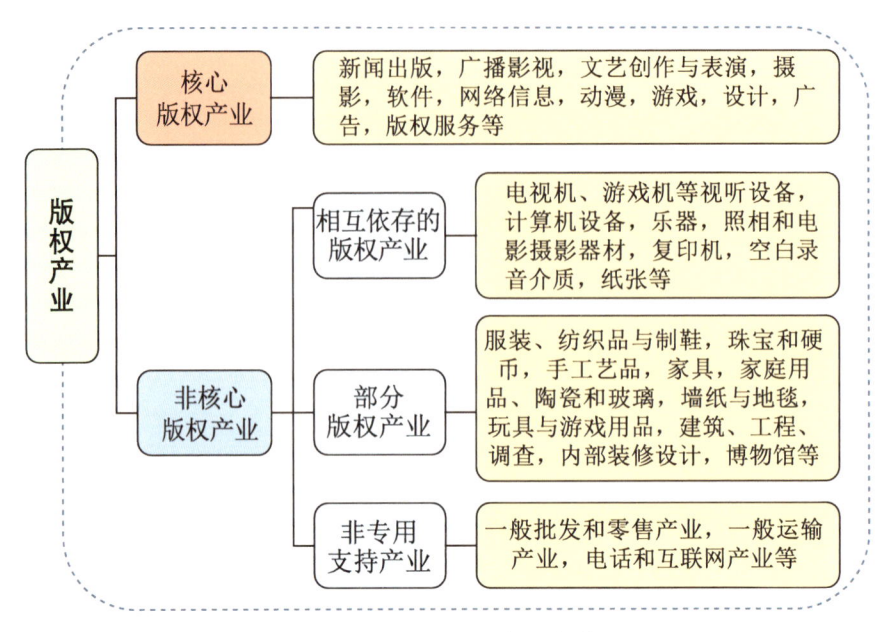

2020 年广东省版权产业的经济贡献

```
版权产业
├── 核心版权产业：新闻出版，广播影视，文艺创作与表演，摄影，软件，网络信息，动漫，游戏，设计，广告，版权服务等
└── 非核心版权产业
    ├── 相互依存的版权产业：电视机、游戏机等视听设备，计算机设备，乐器，照相和电影摄影器材，复印机，空白录音介质，纸张等
    ├── 部分版权产业：服装、纺织品与制鞋，珠宝和硬币，手工艺品，家具，家庭用品，陶瓷和玻璃，墙纸与地毯，玩具与游戏用品，建筑、工程、调查、内部装修设计，博物馆等
    └── 非专用支持产业：一般批发和零售产业，一般运输产业，电话和互联网产业等
```

附图 1　广东省版权产业的分类及包含的主要行业

二、版权产业与文化产业的关系

国内外与版权产业相似的还有文化产业、创意产业、内容产业等概念，它们之间既有交叉重合又有区别。在我国，文化产业与版权产业是两个比较常用的概念，现将两者关系做一简要说明。

（一）版权产业与文化产业概念的渊源

1. 文化产业

文化产业的概念最早于二十世纪四十年代由德国法兰克福

学派提出。二十世纪八九十年代以来,发达国家纷纷将文化产业作为提升国家竞争力、国际影响力和文化输出的重要手段大力发展。1986年,联合国教科文组织制定了《文化统计框架》,此后进行了多次修订。这套统计框架明确了文化产业的范围与类别,成为各国进行文化产业分类和统计的指导性文件。但该框架只涉及对文化产业的范围界定及行业分类,缺少数据采集、指标测算等具体方法,没有达成各国文化产业量化研究的统一标准。

在我国,文化产业的概念是根据文化建设和文化体制改革的需要提出的。2004年以前,我国对文化产业缺乏科学、统一的分类标准,各地区、各部门对文化产业的定义和范围的界定区别较大,导致统计数据相差悬殊。2004年,国家统计局在与有关部门共同研究的基础上,依据《国民经济行业分类》(GB/T 4754—2002),制定了《文化及相关产业分类(2004)》,并作为国家统计标准颁布实施。该分类第一次明确了我国文化产业的统计范围、层次、内涵和外延。此后,国家统计局分别于2012年、2018年对文化产业分类进行了两次修订,目前执行的是《文化及相关产业分类(2018)》。

2. 版权产业

版权产业的概念最早出现于二十世纪七十年代,自瑞典和加拿大开展首次研究以来,多个国家先后开展了类似研究。2003年,为便于量化研究与国际比较,世界知识产权组织吸收各国专家意见,出版了《版权产业的经济贡献调研指南》

（2015年进行了修订），统一了版权产业的概念、范围、分类与测算方法。在世界知识产权组织的推动下，目前世界上已有包括我国及美国、俄罗斯、加拿大、澳大利亚、芬兰、法国在内的40多个国家和地区按照WIPO《指南》开展研究。

我国版权产业的概念、范围、分类与测算方法与WIPO《指南》完全一致，只是结合我国著作权法关于作品类型的界定和我国国民经济的行业分类，对版权产业的行业小类进行了微调。

从两个概念的渊源可以看出，文化产业与版权产业都不是新的产业部门，而是不同的国际组织、国家、部门，从不同角度、不同侧重，根据各自的定义与范围划定的诸多产业部门的集合。版权产业的经济贡献有国际通行的调研方法（WIPO《指南》的研究体系比较完备成熟，因而被多数国家采用），便于国际比较；文化产业只有统计分类框架，各国的统计、研究没有统一标准，缺少可比性。

（二）我国版权产业与文化产业范围分类的比较

由于侧重点不同，版权产业与文化产业包含的产业类别有所不同。版权产业聚焦于版权制度，指那些版权可发挥显著作用的活动或产业，强调创新，与是否具有文化属性无关；文化产业聚焦于具有文化内涵和文化传承的行业，以满足人们精神需求的文化产品为核心，因而将那些虽然具有创造性但无文化内涵的行业排除在外。以软件产业为例，软件是受到版权法保护的作品，具有独创性因而属于版权产业的范畴。但大多数软件由于缺乏文化内涵未被包含进文化产业，只有多媒体、游戏动漫和数字出版软件因具有文化属性而被纳入文化产业。

比较我国版权产业经济贡献调研方法和《文化及相关产业分类（2018）》，版权产业涉及的类别更广，包括约300个行业小类；文化产业涉及的行业比版权产业要小，包含约156个行业小类。两者行业构成主要包括三种情况，附图2可以比较直观地反映这一情况。

一是两者重合的行业。大部分集中在文化艺术、新闻出版、印刷复制发行、广播影视、设计、广告、动漫游戏、工艺美术、相关设备生产等方面，约120个行业小类。

二是版权产业包含但文化产业不包含的行业。主要是版权依赖度高而文化关联度低的行业，例如软件和信息技术服务、计算机设备、通信终端设备、复印机、空白录音介质、纸张、纺织服装、家具、陶瓷（约150个行业小类）以及一般批发零售、交通运输、电话和互联网等非专用支持产业等。

三是文化产业包含但版权产业不包含的行业。主要是与文化产品高度相关但无版权属性的行业，例如景区游览服务、休闲观光服务、文具笔墨、婚庆典礼、焰火鞭炮等，约36个行业小类。

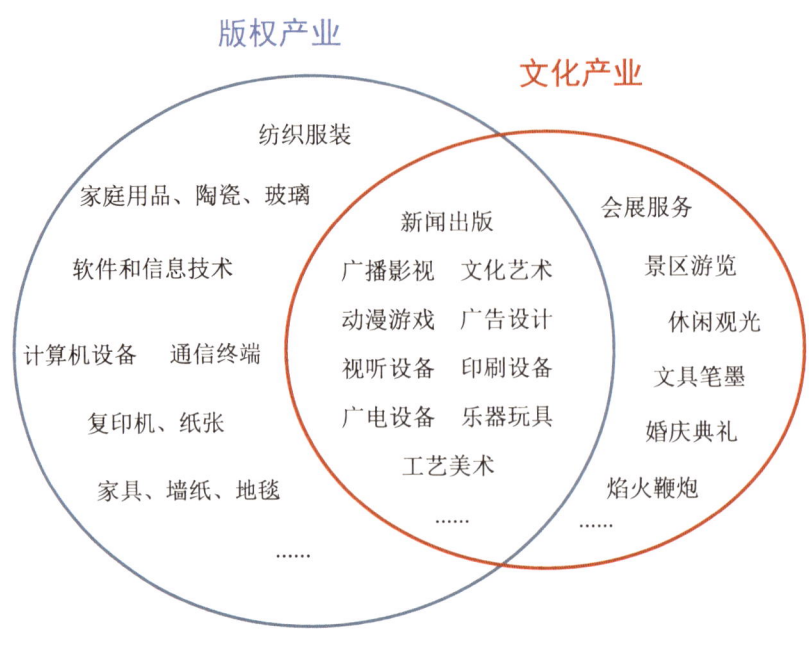

附图2 版权产业与文化产业的关系

三、具体调研方法

在调研指标上,本项目采用WIPO《指南》提出的行业增加值、就业人数和进出口额三项,通过以量化研究为主、质性研究为补充的方法,测算分析2020年广东省版权产业的经济贡献。

(一)主要经济指标

按照WIPO《指南》,本项目采用了行业增加值、就业人数和进出口额这三项指标测算广东省版权产业的经济贡献。行业增加值是国民经济核算的一项重要指标；就业人数反映版权产业为社会提供的就业机会；进出口包括商品进出口和服务进出口两类，由于现有服务进出口的数据难以获取，本项目以商品进出口额为进出口的主要指标。这三项指标互为补充，能基本反映出广东省版权产业的经济贡献。

（二）数据来源

本项目以统计、海关、宣传、工信、文旅、广电等行业主管部门和行业协会提供的官方数据为主要依据，主要包括《广东统计年鉴》、全省经济普查数据、海关商品进出口数据以及相关行业数据等。这些官方数据是三项经济指标测算的主要依据。此外，本项目也搜集了大量非官方的统计数据，如相关行业研究机构的产业分析报告等。这些数据不作为测算依据，仅作为对有关行业进行横纵向分析的参考数据。

（三）量化测算方法

在量化研究方面，按照 WIPO《指南》中介绍的方法和我国国民经济核算方法测算 2020 年广东省版权产业的行业增加值、就业人数以及商品进出口额。行业增加值和就业人数根据国民经济行业分类中的行业小类数据进行汇总测算。商品进出口额根据海关部门提供的进出口数据，在海关统计商品八位代码水平的基础上对进出口数据进行汇总测算。

（四）版权因子

WIPO 认为，在进行版权产业经济贡献分析时，必须考虑将不能完全归入版权范畴的成分排除在外，核心版权产业之外的其他版权产业的经济贡献不可以被 100% 计入。针对这一情况，WIPO 提出了版权因子的概念，把版权在某一特定产业中的份额或者对版权的依赖程度称之为版权因子。版权因子是以百分比的形式来表示某一特定产业中可归因于版权活动的部分[1]。因此，除核心版权产业的版权因子为 100% 以外，相互依存的版权产业、部分版权产业和非专用支持产业中各个产业组的版权因子根据各地实际情况分别确定。

本项目在开展相关实地调研的基础上，参考中国版权产业的经济贡献调研项目，确定了广东省版权产业各产业组的版权因子。其中，相互依存的版权产业和部分版权产业中产业组的版权因子根据相关行业对版权依赖程度的不同而有所差异；非专用支持产业的版权因子根据 WIPO 提供的公式计算确定。本项目中广东省版权产业的行业增加值、就业人数以及商品进出口额均为乘以版权因子之后的数额。

（五）质性研究方法

除量化研究之外，本项目还进行质性研究，主要方法包

---

[1] 世界知识产权组织.版权产业的经济贡献调研指南.北京：法律出版社，2006：85.

括文献研究、实地调研、深度访谈等，搜集相关行业的研究文献，获取比较典型的企业和案例材料，作为量化研究的补充与延伸。

附表1　与国民经济行业分类对应的核心版权产业具体分类

主要产业组	子组	行业代码	类别名称
文字作品	作家作者	8810	文艺创作与表演
	译者	7294	翻译服务
	报纸出版	8622	报纸出版
	新闻社等	8610	新闻业
	杂志/期刊出版	8623	期刊出版
	图书出版	8621	图书出版
	数字出版	8626	数字出版
	问候卡和地图，工商名录和其他印刷品	8629	其他出版业
	图书、杂志、报纸和广告材料的印前样、印刷样和印后样	2311	书、报刊印刷
		2312	本册印制
		2319	包装装潢及其他印刷
		2320	装订及印刷相关服务
		7293	办公服务
	报纸和文学作品的批发和零售（书店、报刊亭）	5143	图书批发
		5144	报刊批发
		5243	图书、报刊零售
		7124	图书出租
	图书馆	8831	图书馆

（续表）

主要产业组	子组	行业代码	类别名称
音乐、戏剧制作、曲艺、舞蹈和杂技	曲作家、词作家、改编者、舞蹈指导、导演、演员和其他人员	8810	文艺创作与表演
		8870	群众文体活动
		9011	歌舞厅娱乐活动
		9012	电子游艺厅娱乐活动
		9019	其他室内娱乐活动
		9090	其他娱乐业
	音乐录音制品的制作和制造	2330	记录媒介复制
		8624	音像制品出版
		8625	电子出版物出版
		8770	录音制作
		9012	电子游艺厅娱乐活动
	音乐录音制品的批发和零售（销售和出租）	5145	音像制品、电子和数字出版物批发
		5244	音像制品、电子和数字出版物零售
		7125	音像制品出租
	艺术和文字创作的表述	8810	文艺创作与表演
	表演及相关机构（订票处、售票处）	8820	艺术表演场馆
电影和影带	编剧、导演、演员	8810	文艺创作与表演
	电影和影带的制作和发行	8730	影视节目制作
		8750	电影和广播电视节目发行
	电影放映	8760	电影放映
	影带出租和销售，包括点播	7125	音像制品出租
	相关服务	2330	记录媒介复制

（续表）

主要产业组	子组	行业代码	类别名称
广播和电视	广播和电视制作和播出	8710	广播
		8720	电视
		8740	广播电视集成播控
	有线电视传输	6321	有线广播电视传输服务
	卫星电视传输	6331	广播电视卫星传输服务
	相关服务	6322	无线广播电视传输服务
摄影	摄影	8060	摄影扩印服务
软件和数据库	规划、编程和设计	6511	基础软件开发
		6512	支撑软件开发
		6513	应用软件开发
		6519	其他软件开发
		6531	信息系统集成服务
		6532	物联网技术服务
		6540	运行维护服务
		6560	信息技术咨询服务
		6520	集成电路设计
		6571	地理遥感信息服务
		6572	动漫、游戏数字内容服务
		6579	其他数字内容服务
	批发和零售预装软件（商业程序、视频游戏、教育程序等）	5176	计算机、软件及辅助设备批发
		5273	计算机、软件及辅助设备零售
	数据库处理和出版	6421	互联网搜索服务
		6422	互联网游戏服务
		6429	互联网其他信息服务
		6550	信息处理和存储支持服务
		6431	互联网生产服务平台

（续表）

主要产业组	子组	行业代码	类别名称
软件和数据库	数据库处理和出版	6432	互联网生活服务平台
		6433	互联网科技创新平台
		6434	互联网公共服务平台
		6439	其他互联网平台
		6440	互联网安全服务
		6450	互联网数据服务
美术与建筑设计、图形和模型作品	美术与建筑设计	3032	建筑用石加工
		5146	首饰、工艺品及收藏品批发
		5246	工艺美术品及收藏品零售
		7483	工程勘察活动
		7484	工程设计活动
		8810	文艺创作与表演
	图形和模型作品	7441	遥感测绘服务
		7449	其他测绘地理信息服务
		7483	工程勘察活动
		7484	工程设计活动
		7485	规划设计管理
		7486	土地规划服务
		7491	工业设计服务
		7492	专业设计服务
		7499	其他未列明专业技术服务业
广告服务	广告代理机构、购买服务（不包括发布广告费用）	7251	互联网广告服务
		7259	其他广告服务
版权集体管理与服务	版权集体管理与服务	7231	律师及相关法律服务
		7239	其他法律服务
		7520	知识产权服务

(续表)

主要产业组	子组	行业代码	类别名称
版权集体管理与服务	版权集体管理与服务	7284	文化会展服务
		7295	信用服务
		7296	非融资担保服务
		7299	其他未列明商务服务业
		9053	文化娱乐经纪人
		9059	其他文化艺术经纪代理
		5181	贸易代理
		5183	艺术品、收藏品拍卖
		5184	艺术品代理
		8890	其他文化艺术业

附表2　与国民经济行业分类对应的相互依存的版权产业具体分类

主要产业组	行业代码	类别名称
电视机、智能手机、收音机、录像机、CD播放机、DVD播放机、磁带播放机、电子游戏设备及其他类似设备	2462	游艺用品及室内游艺器材制造
	2469	其他娱乐用品制造
	3922	通信终端设备制造
	3931	广播电视节目制作及发射设备制造
	3932	广播电视接收设备制造
	3933	广播电视专用配件制造
	3934	专业音响设备制造
	3939	应用电视设备及其他广播电视设备制造
	3951	电视机制造
	3952	音响设备制造
	3953	影视录放设备制造

附　录　调研方法概述

（续表）

主要产业组	行业代码	类别名称
电视机、智能手机、收音机、录像机、CD播放机、DVD播放机、磁带播放机、电子游戏设备及其他类似设备	5137	家用视听设备批发
	5149	其他文化用品批发
	5177	通讯设备批发
	5178	广播影视设备批发
	5249	其他文化用品零售
	5271	家用视听设备零售
	5274	通信设备零售
	7121	休闲娱乐用品设备出租
	8131	家用电子产品修理
计算机和有关设备	3911	计算机整机制造
	3912	计算机零部件制造
	3913	计算机外围设备制造
	3914	工业控制计算机及系统制造
	3915	信息安全设备制造
	3919	其他计算机制造
	3961	可穿戴智能设备制造
	3969	其他智能消费设备制造
	5176	计算机、软件及辅助设备批发
	5273	计算机、软件及辅助设备零售
	7114	计算机及通讯设备经营租赁
	8121	计算机和辅助设备修理
乐　器	2421	中乐器制造
	2422	西乐器制造
	2423	电子乐器制造
	2429	其他乐器及零件制造
	5147	乐器批发
	5247	乐器零售
	7123	文化用品设备出租

（续表）

主要产业组	行业代码	类别名称
照相和电影摄影器材	2664	文化用信息化学品制造
	3471	电影机械制造
	3472	幻灯及投影设备制造
	3473	照相机及器材制造
	5149	其他文化用品批发
	5179	其他机械设备及电子产品批发
	5248	照相器材零售
	7123	文化用品设备出租
	8199	其他未列明日用产品修理业
复印机	3474	复印和胶印设备制造
	3542	印刷专用设备制造
	5179	其他机械设备及电子产品批发
	5279	其他电子产品零售
	8122	通讯设备修理
	8129	其他办公设备维修
空白录音介质	2664	文化用信息化学品制造
	5137	家用视听设备批发
纸　张	2221	机制纸及纸板制造
	2222	手工纸制造
	2223	加工纸制造
	2231	纸和纸板容器制造
	2239	其他纸制品制造
	5191	再生物资回收与批发
	5141	文具用品批发
	5241	文具用品零售

附表3 与国民经济行业分类对应的部分版权产业具体分类

主要产业组	行业代码	类别名称
服装、纺织品和制鞋	1711	棉纺纱加工
	1712	棉织造加工
	1713	棉印染精加工
	1721	毛条和毛纱线加工
	1722	毛织造加工
	1723	毛染整精加工
	1731	麻纤维纺前加工和纺纱
	1732	麻织造加工
	1733	麻染整精加工
	1742	绢纺和丝织加工
	1743	丝印染精加工
	1751	化纤织造加工
	1752	化纤织物染整精加工
	1771	床上用品制造
	1772	毛巾类制品制造
	1773	窗帘、布艺类产品制造
	1779	其他家用纺织制成品制造
	1761	针织或钩针编织物织造
	1762	针织或钩针编织物印染精加工
	1763	针织或钩针编织品制造
	1781	非织造布制造
	1811	运动机织服装制造
	1819	其他机织服装制造
	1821	运动休闲针织服装制造
	1829	其他针织或钩针编织服装制造

（续表）

主要产业组	行业代码	类别名称
服装、纺织品和制鞋	1830	服饰制造
	1921	皮革服装制造
	1923	皮手套及皮装饰制品制造
	1931	毛皮鞣制加工
	1932	毛皮服装加工
	1942	羽毛（绒）制品加工
	1951	纺织面料鞋制造
	1952	皮鞋制造
	1953	塑料鞋制造
	1954	橡胶鞋制造
	1959	其他制鞋业
	5131	纺织品、针织品及原料批发
	5132	服装批发
	5133	鞋帽批发
	5231	纺织品及针织品零售
	5232	服装零售
	5233	鞋帽零售
	8192	鞋和皮革修理
珠宝和硬币	2438	珠宝首饰及有关物品制造
	3399	其他未列明金属制品制造
	5146	首饰、工艺品及收藏品批发
	5245	珠宝首饰零售
	5246	工艺美术品及收藏品零售
其他手工艺品	2431	雕塑工艺品制造
	2432	金属工艺品制造
	2433	漆器工艺品制造
	2434	花画工艺品制造
	2435	天然植物纤维编织工艺品制造

（续表）

主要产业组	行业代码	类别名称
其他手工艺品	2436	抽纱刺绣工艺品制造
	2439	其他工艺美术及礼仪用品制造
	3057	制镜及类似品加工
	4119	其他日用杂品制造
	5146	首饰、工艺品及收藏品批发
	5246	工艺美术品及收藏品零售
家 具	2110	木质家具制造
	2120	竹、藤家具制造
	2130	金属家具制造
	2140	塑料家具制造
	2190	其他家具制造
	5139	其他家庭用品批发
	5283	家具零售
	8193	家具和相关物品修理
家庭用品、陶瓷和玻璃	1922	皮箱、包(袋)制造
	2031	建筑用木料及木材组件加工
	2032	木门窗制造
	2033	木楼梯制造
	2034	木地板制造
	2035	木制容器制造
	2039	软木制品及其他木制品制造
	2927	日用塑料制品制造
	3041	平板玻璃制造
	3042	特种玻璃制造
	3049	其他玻璃制造
	3051	技术玻璃制品制造
	3052	光学玻璃制造
	3053	玻璃仪器制造

(续表)

主要产业组	行业代码	类别名称
家庭用品、陶瓷和玻璃	3054	日用玻璃制品制造
	3055	玻璃包装容器制造
	3056	玻璃保温容器制造
	3057	制镜及类似品加工
	3059	其他玻璃制品制造
	3061	玻璃纤维及制品制造
	3062	玻璃纤维增强塑料制品制造
	3071	建筑陶瓷制品制造
	3072	卫生陶瓷制品制造
	3073	特种陶瓷制品制造
	3074	日用陶瓷制品制造
	3075	陈设艺术陶瓷制造
	3076	园艺陶瓷制造
	3079	其他陶瓷制品制造
	3373	搪瓷卫生洁具制造
	3379	搪瓷日用品及其他搪瓷制品制造
	3381	金属制厨房用器具制造
	3382	金属制餐具和器皿制造
	3383	金属制卫生器具制造
	3389	其他金属制日用品制造
	3872	照明灯具制造
	3873	舞台及场地用灯制造
	5135	厨具卫具及日用杂品批发
	5136	灯具、装饰物品批发
	5139	其他家庭用品批发
	5165	建材批发
	5235	厨具卫具及日用杂品零售
	5236	钟表、眼镜零售

（续表）

主要产业组	行业代码	类别名称
家庭用品、陶瓷和玻璃	5237	箱包零售
	5239	其他日用品零售
	5282	灯具零售
	5287	陶瓷、石材装饰材料零售
墙纸和地毯	2239	其他纸制品制造
	2437	地毯、挂毯制造
	5136	灯具、装饰物品批发
	5139	其他家庭用品批发
	5146	首饰、工艺品及收藏品批发
	5246	工艺美术品及收藏品零售
玩具和游戏用品	2451	电玩具制造
	2452	塑胶玩具制造
	2453	金属玩具制造
	2454	弹射玩具制造
	2455	娃娃玩具制造
	2456	儿童乘骑玩耍的童车类产品制造
	2459	其他玩具制造
	2461	露天游乐场所游乐设备制造
	2462	游艺用品及室内游艺器材制造
	2469	其他娱乐用品制造
	5149	其他文化用品批发
	5249	其他文化用品零售
	7121	休闲娱乐用品设备出租
建筑、工程、调查	E	建筑业
内部装修设计	5011	公共建筑装饰和装修
	5012	住宅装饰和装修
	5013	建筑幕墙装饰和装修

（续表）

主要产业组	行业代码	类别名称
博物馆	8850	博物馆
	8860	烈士陵园、纪念馆

附表4 与国民经济行业分类对应的非专用支持产业具体分类

主要产业组	行业代码	类别名称
一般批发和零售产业	51	批发业
	52	零售业
一般运输产业	53	铁路运输业
	54	道路运输业
	55	水上运输业
	56	航空运输业
	58	多式联运和运输代理业
	59	装卸搬运和仓储业
	60	邮政业
电话和互联网产业	631	电信
	6311	固定电信服务
	6312	移动电信服务
	6319	其他电信服务
	64	互联网和相关服务
	6410	互联网接入及相关服务

说明：上述各表根据《国民经济行业分类》（GB/T4754-2017）编制。

参考文献

1. 世界知识产权组织. 版权产业的经济贡献调研指南 [M]. 北京：法律出版社，2006.

2. 国家统计局国民经济核算司. 中国经济普查年度国内生产总值核算方法 [M]. 北京：中国统计出版社，2007.

3. 中华人民共和国国家统计局. 中国统计年鉴2021[M]. 北京：中国统计出版社，2021.

4. 海关总署统计分析司. 中华人民共和国海关统计商品目录（2020年版）[M]. 北京：中国海关出版社，2020.

5. 国家新闻出版署.2021中国新闻出版统计资料汇编 [M]. 北京：中国书籍出版社，2021.

6. 柳斌杰，阎晓宏. 中国版权相关产业的经济贡献 [M]. 北京：中国书籍出版社，2010.

7. 柳斌杰，阎晓宏. 中国版权相关产业的经济贡献（2007~2008年）[M]. 北京：中国书籍出版社，2012.

8. 中国版权产业的经济贡献（2009年~2010年）编委会. 中国版权产业的经济贡献（2009年~2010年）[M]. 北京：中国书籍出版社，2015.

9. 中国版权产业的经济贡献（2011~2012年）编委会. 中国版权产业的经济贡献（2011~2012年）[M]. 北京：中国书籍

出版社，2017.

10. 中国版权产业的经济贡献（2013~2014 年）编委会 . 中国版权产业的经济贡献（2013~2014 年）[M]. 北京：中国书籍出版社，2017.

11. 中国版权产业的经济贡献（2015~2016 年）编委会 . 中国版权产业的经济贡献（2015~2016 年）[M]. 北京：中国书籍出版社，2019.

12. 中国版权产业的经济贡献（2017~2018 年）编委会 . 中国版权产业的经济贡献（2017~2018 年）[M]. 北京：中国书籍出版社，2021.

13. 广东省统计局，国家统计局广东调查总队 . 广东统计年鉴 2021[M]. 北京：中国统计出版社，2021.

后 记

受广东省版权局委托，中国新闻出版研究院自2015年起已多次开展了广东省版权产业的经济贡献调研项目，本书为该项目第五次调研成果，对2020年广东省版权产业的经济贡献情况进行研究。

广东省委宣传部（广东省版权局）对本调研项目十分重视，不仅在项目研究、行业调研等方面给予指导，还积极与行业主管部门沟通协调获取所需数据，并对本书内容的完善给予了大力支持，提出修改意见。海关总署、中国电子信息行业联合会、广东省统计局、广东省文化和旅游厅、广东省工业和信息化厅、广东省广播电视局等单位也为项目提供了有关数据。在此对上述部门一并表示衷心感谢。

我院负责本书的具体编写工作。院党委书记、副院长黄晓新担任主编，出版法制与版权研究所所长赵冰担任副主编，执笔人为赵冰、杨昆、郝丽美、张晓斌、王卉莲、李游、苏唯玮。另外，我院出版研究所（阅读研究与促进中心）、传媒研究所、出版产业研究所（调查统计中心）、印刷研究所等部门为本书编写提供了帮助与支持，特别是拜庆平、樊伟、贾梦丹为本书提供了相关数据并撰写了部分内容。由于时间仓促、能力有限，本书难免存在疏漏和不当之处，敬请读者批评指正。

中国新闻出版研究院

2022年7月